JN118353

介護福祉士国家試験 法律・制度 模擬問題集

2024

Care Worker
Legal & Institutional
Workbook

はじめに

これまで，私たちエムスリーエデュケーション 福祉教育カレッジでは，介護福祉士国家試験を受験される多くの方々に対し，長年，様々な関連書籍や全国統一総合模擬試験を通じて，サポートをしてまいりました。

その中で，受験生の皆様や学校の先生方から「国試の科目のうち『社会の理解』がニガテな受験生がとても多い」「どうやって勉強すればよいのか悩む」といったご意見をたくさんいただいておりました。

「社会の理解」は，全12問出題され，法律や制度に関する知識が問われる科目です。国試の合格率は例年70%程度となっていますが，1つでも得点が0の科目があると不合格になるため，この科目もしっかり対策しなければいけません。一方で，内容の難易度が高いうえに，法律や制度の改正があるため，過去問だけで勉強すると誤った知識を学んでしまう可能性があります。ニガテな科目は，たくさん問題をこなして練習するのが王道の勉強法ですが，それができないため，多くの受験生の弱点となっています。

そこで誕生したのが本書です。本書は「社会の理解」に例年出題される「介護保険制度」や「障害者総合支援制度」を中心に，過去出題された法律・制度を幅広くピックアップし，改正にも対応した問題集です。問題編と解答編に分かれ，解答編では重要ポイントを見やすくまとめた「ココトレポイント」が付いています。さらに，問題を作成された先生方によるミニ講義動画もご覧いただけます。

受験生の皆様には，この問題集をくり返し使用することで，ココ（社会の理解）だけ集中的にトレーニングし，ココをトレる科目に変えていただければと願います。

2023年8月　福祉教育カレッジ

もくじ　～問題演習のポイント～

ピピちゃん

介護福祉士として働く小鹿の女の子。合格を目指して，一緒に勉強しましょう！

はじめに　…iii
問題編の使い方　…vi
解答編の使い方　…88

1 社会と生活のしくみ・地域共生社会

		問題編	解答編
1	雇用の状況	2	90
2	世帯の状況	4	93
3	家族の状況，家族の機能	6	96
4	地域福祉の発展	8	99
5	地域共生社会	10	102
6	地域包括ケアシステム	12	105

ココトレ　雇用や世帯，家族，地域福祉について確認しよう！　地域共生社会や地域包括ケアシステムの４つの助が頻出ポイント！

2 社会保障制度

		問題編	解答編
1	日本の社会保障制度の発達	14	107
2	日本の社会保障制度のしくみ	16	110
3	社会福祉法	18	113
4	労働者災害補償保険法	20	116
5	社会保障給付費	22	119

ココトレ　日本の社会保障制度のしくみやその費用である社会保障給付費をおさえよう！

3 高齢者保健福祉と介護保険制度

		問題編	解答編
1	高齢者の状況	24	122
2	高齢者の保健福祉に関連する法律	26	125
3	介護保険制度（保険者・被保険者など）	28	128
4	介護保険制度（財源構成など）	30	131
5	要介護認定	32	133
6	要介護認定（審査請求など）	34	135
7	介護保険サービス１	36	137
8	介護保険サービス２	38	140

		問題編	解答編
9	介護保険制度（地域支援事業）	40	142
10	介護保険制度（利用者を守るしくみ）	42	145
11	介護保険制度（介護支援専門員）	44	147
12	介護保険制度（専門職の役割）	46	149
13	介護保険制度（近年の改正）	48	151

ココトレ 「社会の理解」でもっともよく出る範囲その１！　介護保険のしくみやサービスの利用方法，そして介護保険サービスについて，しっかり確認しよう！

4 障害者保健福祉と障害者総合支援制度

		問題編	解答編
1	障害者の状況・定義	50	154
2	障害者差別解消法と合理的配慮	52	157
3	障害者福祉に関する理念	54	159
4	障害福祉計画	56	161
5	障害者総合支援制度（自立支援給付 1）	58	163
6	障害者総合支援制度（自立支援給付 2）	60	166
7	障害者総合支援制度（自立支援給付 3）	62	169
8	障害者総合支援制度（地域生活支援事業）	64	171
9	障害者総合支援制度の利用	66	174
10	障害者総合支援制度（組織や団体の役割）	68	177
11	障害者総合支援制度（専門職の役割）	70	180
12	精神障害者の入院制度（精神保健福祉法）	72	183

ココトレ 「社会の理解」でもっともよく出る範囲その２！　障害者総合支援制度のしくみや障害福祉サービスについて，整理しながら学習しよう！　精神障害者の入院制度も総合問題などでよく出るよ！

5 介護実践に関連する諸制度

		問題編	解答編
1	高齢者虐待防止法，障害者虐待防止法	74	186
2	個人情報保護法	76	189
3	成年後見制度	78	192
4	育児・介護休業法	80	195
5	生活保護制度	82	197
6	保健医療に関する制度	84	200
7	社会福祉士及び介護福祉士法	86	202

ココトレ 個人の権利や保健医療，貧困に対する制度を確認しよう！　また「介護の基本」科目で出題のある介護福祉士の義務もおさえよう！

問題編の使い方

2-1 日本の社会保障制度の発達

重要度 ★★☆

日本の社会保障に関する法律や制度を確認しよう。

▶解答・解説は 107 ～ 109 ページ

テーマの重要度を★の数で示しています。

このテーマの解説が掲載されているページ数です。

問題 1　日本国憲法で定められている権利と条文の組み合わせとして，**正しいものを 1 つ**選びなさい。

1　幸福追求権　──　第 19 条
2　新しい人権　──　第 15 条
3　思想の自由　──　第 29 条
4　生存権　────　第 25 条
5　財産権　────　第 13 条

問題 2　我が国の社会保障制度に大きな影響を与えた，1950（昭和 25）年「社会保障制度に関する勧告」で定めた社会保障制度の定義の内容に**含まれないものを 1 つ**選びなさい。

1　生活困窮に陥った者に対しては，国家扶助によって最低限度の生活を保障する。
2　困窮の原因に対し，保険的方法又は直接公の負担において経済保障の途を講じる。
3　公衆衛生及び社会福祉の向上を図る。
4　すべての国民が文化的社会の成員たるに値する生活を営むことができるようにする。
5　思想及び良心の自由は，これを侵してはならない。

14

問題 3　昭和 20 年代に成立した福祉三法に続いて制定され，その後福祉六法に含まれるようになった法律として，**正しいものを 1 つ**選びなさい。

1　児童福祉法
2　身体障害者福祉法
3　生活保護法
4　老人福祉法
5　老人保健法

2 社会保障制度

1テーマにつき，オリジナル問題3問と過去問題1問を掲載しています。
(過去問題のないページもあります)
オリジナル問題は，すべて解答編にて解説しています。

カコトレ　過去問チャレンジ！

Q：我が国の社会保障制度の基本となる，1950 年（昭和 25 年）の社会保障制度審議会による「社会保障制度に関する勧告」の内容として，**最も適切なものを 1 つ**選びなさい。

1　生活困窮者自立支援法の制定の提言
2　社会保障制度を，社会保険，国家扶助，公衆衛生及び医療，社会福祉で構成
3　介護保険制度の創設の提言
4　保育所の待機児童ゼロ作戦の提言
5　介護分野における ICT 等の活用とビッグデータの整備

A：2　この勧告では，社会保障制度を社会保険，国家扶助，公衆衛生及び医療，社会福祉の 4 つに分類し，その後の我が国の社会保障制度のあり方の指針となった。　（第 35 回 問題 9 より）

15

問題編

解答編は 89 ページから

1 テーマ分の問題を解いたら，解答編で答え合わせをしましょう。答えはノートなどに書いて，くり返しトレーニングしましょうね！

1-1 雇用の状況

重要度 ★★☆

日本の雇用の状況や「働き方改革」について確認しよう。

▶解答・解説は 90 ～ 92 ページ

問題 1 「令和 3 年版労働経済の分析（労働経済白書）」における現在の日本の雇用に関する次の記述のうち，**適切なもの**を **1 つ**選びなさい。

1　新型コロナウイルス感染症は雇用・労働に影響をおよぼしていない。

2　正規雇用労働者と非正規雇用労働者の割合に，性別による差はみられない。

3　子育て世帯の女性は正規雇用労働者が多い。

4　1990 年代後半から正規雇用労働者の割合は減り続け，非正規雇用の割合が増え続けている。

5　いわゆる嘱託社員は，統計上は非正規雇用に計上される。

問題 2 現在の日本の雇用に関する次の記述のうち，**適切なもの**を **1 つ**選びなさい。

1　15 歳以上の就業者と完全失業者を合わせた数を労働力人口といい，15 歳以上の人口と同じである。

2　完全失業者とは，就業しておらず就職活動もしていない人を指す。

3　非正規雇用の割合が最も多いのは，バブル崩壊後の就職氷河期に新卒として就職活動をしていた 35 ～ 44 歳である。

4　人材派遣は，1986（昭和 61）年 7 月の「労働者派遣法」の施行から始まった。

5　近年，男性と女性の賃金格差は拡大傾向にある。

（注）「労働者派遣法」とは，「労働者派遣事業の適正な運営の確保及び派遣労働者の就業条件の整備等に関する法律」のことである。

問題 3 「働き方改革」に関する記述として，**適切なもの**を **1 つ**選びなさい。

1　仕事の効率が落ちるので，副業や兼業の禁止を推奨している。
2　長時間労働を防ぐため，時間外労働の上限を例外なく年間 360 時間と定めている。
3　「一億総活躍社会」を実現するため日本政府が主導して始まった。
4　子育て中の人や介護をしている人は休業するように推奨している。
5　大企業を対象としているため，中小企業・小規模事業者における「働き方改革」は支援していない。

（注）ここでいう「働き方改革」とは，「働き方改革を推進するための関係法律の整備に関する法律」に基づく諸施策の実施のことである。

カコトレ　**過去問チャレンジ！**

Q：2015 年（平成 27 年）以降の日本の社会福祉を取り巻く環境に関する次の記述のうち，**適切なもの**を **1 つ**選びなさい。

1　人口は，増加傾向にある。
2　共働き世帯数は，減少傾向にある。
3　非正規雇用労働者数は，減少傾向にある。
4　高齢世代を支える現役世代（生産年齢人口）は，減少傾向にある。
5　日本の国民負担率は，OECD 加盟国の中では上位にある。

(注) OECD とは，経済協力開発機構（Organisation for Economic Co-operation and Development）のことである。

A：4　生産年齢人口（15 ～ 64 歳）は，1995（平成 7）年をピークに減少している。(「令和 4 年版高齢社会白書」（内閣府）より)

（第 34 回 問題 7 より改変）

1-2 世帯の状況

日本の世帯の状況や「国民生活基礎調査」の動向を確認しよう。

▶解答・解説は 93 ～ 95 ページ

問題 4　「2022（令和 4）年 国民生活基礎調査」（厚生労働省）における日本の世帯に関する次の記述のうち，**正しいもの**を**1 つ**選びなさい。

1　全国の世帯総数は，8 千万を超えている。
2　平均世帯人員は，3 人を超えていない。
3　母子世帯数と父子世帯数では，父子世帯のほうが多い。
4　65 歳以上の者のいる世帯の割合は，6 割を超えている。
5　65 歳以上の者のいる世帯の状況は，子と同居が最も多い。

問題 5　「2022（令和 4）年 国民生活基礎調査」（厚生労働省）における 65 歳以上の者のいる世帯の世帯構造として，**最も多いもの**を**1 つ**選びなさい。

1　単独世帯
2　夫婦のみの世帯
3　親と未婚の子のみの世帯
4　三世代世帯
5　その他の世帯

問題 6 「2022（令和 4）年 国民生活基礎調査」（厚生労働省）における世帯状況に関する次の記述のうち，**正しいもの**を **1 つ**選びなさい。

1 「夫婦と未婚の子のみの世帯」「単独世帯」「夫婦のみの世帯」のうち，最も多い世帯構成は「夫婦のみの世帯」である。

2 世帯類型別にみると，「母子世帯」の割合は 3% を上回っている。

3 世帯類型別にみると，「高齢者世帯」の割合は，全世帯の 40% を上回っている。

4 65 歳以上の「単独世帯」における年齢構成をみると，女性は 75 ～ 79 歳が最も多い。

5 65 歳以上の「単独世帯」は，男性よりも女性が多い。

カコトレ 過去問チャレンジ！

Q：2022 年（令和 4 年）の日本の世帯に関する次の記述のうち，**正しいもの**を **1 つ**選びなさい。

1 平均世帯人員は，3 人を超えている。

2 世帯数で最も多いのは，2 人世帯である。

3 単独世帯で最も多いのは，高齢者の単独世帯である。

4 母子世帯数と父子世帯数を合算すると，高齢者世帯数を超える。

5 全国の世帯総数は，7 千万を超えている。

A：2 世帯数で最も多いのは，2 人世帯である。

（第 34 回 問題 6 より改変）

重要度 ★☆☆

1-3 家族の状況，家族の機能

日本の家族の状況や家族の構造・機能に関する問題です。

▶解答・解説は 96 ～ 98 ページ

問題 7 家族の変容に関する日本の近年の動向として，**最も適切なものを 1 つ**選びなさい。

1 世帯当たりの人数は，全国平均で 3 人を超えている。

2 65 歳以上の者の状況をみると，男性は年齢が高くなるにしたがい「子夫婦と同居」の割合が高くなる。

3 「50 歳時の未婚割合」は，男性よりも女性のほうが高い。

4 65 歳以上の人がいる世帯では，単独世帯が最も多い。

5 近年，日本の離婚率は増加傾向にある。

（注）「50 歳時の未婚割合」とは，45 ～ 49 歳の未婚率と 50 ～ 54 歳の未婚率の平均であり，「生涯未婚率」とも呼ばれる。

問題 8 家族の機能に関する次の記述のうち，**最も適切なものを 1 つ**選びなさい。

1 個人の生存にかかわる食欲・性欲の充足や安全を求める機能は，生命維持機能である。

2 子育てにより子どもを社会化する機能は，ケア機能である。

3 家族だけが共有するくつろぎの機能は，生活維持機能である。

4 衣食住などの生活水準を維持しようとする機能は，パーソナリティの安定化機能である。

5 介護が必要な構成員を家族で支える機能は，パーソナリティの形成機能である。

問題 9　家族に関連する定義に関する次の記述のうち，**正しいもの**を**1 つ**選びなさい。

1　法律上の親族とは，6 親等内の血族，配偶者，3 親等内の姻族のことをいう。

2　養子縁組をした家族は，血族には含まれない。

3　国勢調査における世帯には，独立して生計を営む単身者は含まれない。

4　定位家族とは，自分自身が結婚することでつくりあげる家族をいう。

5　生殖家族とは，自分が生まれ育った家族をいう。

カコトレ　過去問チャレンジ！

Q：家族の機能に関する次の記述のうち，**最も適切なもの**を **1 つ**選びなさい。

1　衣食住などの生活水準を維持しようとする機能は，生命維持機能である。

2　個人の生存に関わる食欲や性欲の充足，安全を求める機能は，生活維持機能である。

3　子育てにより子どもを社会化する機能は，パーソナリティの安定化機能である。

4　家族だけが共有するくつろぎの機能は，パーソナリティの形成機能である。

5　介護が必要な構成員を家族で支える機能は，ケア機能である。

A：5　介護が必要な構成員を家族で支える機能をケア機能という。

(第 31 回 問題 5 より)

1-4 地域福祉の発展

重要度 ★★☆

地域福祉にかかわる団体について確認しよう。

▶解答・解説は 99 ～ 101 ページ

問題 10　特定非営利活動法人（NPO 法人）に関する次の記述のうち，**正しいものを 1 つ**選びなさい。

1　福祉関連のボランティア団体は，特定非営利活動法人の法人格を取得する義務がある。

2　利益を得るため，旅館業の事業を行うことができる。

3　役員の半数は，報酬を受けることができる。

4　宗教の教義を広めることを主な目的とすることができる。

5　特定非営利活動法人（NPO 法人）の役員（理事や監事）は，地方選挙や国政選挙に立候補できない。

問題 11　地域社会に関連する組織・機関などに関する次の記述のうち，**正しいものを 1 つ**選びなさい。

1　特定非営利活動法人（NPO 法人）は，収益を目的とした事業を行ってはならない。

2　市町村社会福祉協議会は，生活保護の事務を運営する組織である。

3　社会福祉協議会は，行政組織の一つである。

4　ボランティアセンターの設置は，市区町村社会福祉協議会に限定される。

5　福祉事務所設置自治体は，生活困窮者自立支援制度の実施主体である。

問題 12　**B** さん（65 歳，男性）は，退職後の生活の中で，特技の英語を活かしたボランティア活動をしようと考えたが，具体的にどうすればよいのかわからないため，ボランティア先を紹介してくれる機関に相談することにした。

B さんが相談する窓口として，**最も適切なもの**を **1 つ**選びなさい。

1　公共職業安定所（ハローワーク）

2　福祉事務所

3　社会福祉協議会

4　介護老人福祉施設

5　地域包括支援センター

カコトレ　過去問チャレンジ！

Q：社会福祉法に基づく，都道府県や市町村において地域福祉の推進を図ることを目的とする団体として，**正しいもの**を **1 つ**選びなさい。

1　特定非営利活動法人（NPO 法人）

2　隣保館

3　地域包括支援センター

4　基幹相談支援センター

5　社会福祉協議会

A：5　社会福祉協議会は，地域福祉の推進を図ることを目的とする民間団体である。

（第 35 回 問題 7 より）

1-5 地域共生社会

地域共生社会の概要などについて確認しよう。

▶解答・解説は 102 ～ 104 ページ

問題 13　2017（平成 29）年の「『地域共生社会』の実現に向けて（当面の改革工程）」（厚生労働省）にある記述として，**最も適切なもの**を **1 つ**選びなさい。

1　健康で文化的な最低限度の生活の保障
2　皆保険・皆年金体制の実現
3　日本型福祉社会の創造
4　公的支援の『縦割り』から『丸ごと』への転換
5　社会保障と税の一体改革

問題 14「地域共生社会」が目指すものとして，**最も適切なもの**を **1 つ**選びなさい。

1　全国一律の公的サービスを充実させた福祉
2　すべての住民が支え合い，自分らしく活躍できる地域コミュニティの創出
3　育児・介護のダブルケアやヤングケアラーへの対応
4　高齢者分野の相談支援体制の強化
5　専門職が主体となった地域包括支援体制の構築

問題 15「地域共生社会」が目指す姿として，**最も適切なものを 1 つ**選びなさい。

1 制度や分野ごとに，行政の担当者が対応する社会
2 専門職が主体となった連携による支え手の強化
3 地域住民等の参加による地域づくり
4 地域住民が抱える個別課題の解決
5 民間企業の主導による地域経済の活性化

過去問チャレンジ！

Q：近年，人と人，人と社会とがつながり，一人ひとりが生きがいや役割をもち，助け合いながら暮らしていくことのできる，包摂的なコミュニティ，地域や社会を創るという考え方が示されている。この考え方を表すものとして，**最も適切なもの**を **1 つ**選びなさい。

1 ナショナルミニマム（national minimum）
2 バリアフリー社会
3 介護の社会化
4 生涯現役社会
5 地域共生社会

A：5 設問は，地域共生社会の説明である。

（第 35 回 問題 8 より）

1-6 地域包括ケアシステム

重要度 ★★★

地域包括ケアシステムでの自助・互助・共助・公助は，国試によく出る！

▶解答・解説は 105，106 ページ

問題 16　地域包括ケアシステムを支える互助の説明として，**最も適切なもの**を**1つ**選びなさい。

1　家事代行サービスなどの市場サービスの購入
2　介護保険制度における介護サービスの利用
3　「高齢者虐待防止法」に基づく虐待への対応
4　地域の福祉事務所で行う生活保護の相談
5　地域福祉向上のための住民同士の支え合い

（注）「高齢者虐待防止法」とは，「高齢者虐待の防止，高齢者の擁護者に対する支援等に関する法律」のことである。

問題 17　地域包括ケアシステムでの自助・互助・共助・公助に関する次の記述のうち，**最も適切なもの**を**1つ**選びなさい。

1　自助は，ボランティア活動や近隣住民の支え合いをいう。
2　互助は，社会保険のように制度化された相互扶助をいう。
3　共助は，公的扶助を利用して，自ら生活を維持することをいう。
4　社会保障制度は共助に含まれない。
5　公助は，自助・互助・共助では対応できない生活困窮等に対応する。

問題 18 「地域包括ケア研究会報告書」における「『自助・互助・共助・公助』からみた地域包括ケアシステム」に関する次の記述のうち，**適切なもの**を**1つ**選びなさい。

1 公助の大幅な拡充を目指している。

2 自助，互助の果たす役割が大きくなると予想している。

3 ケアを市場サービスとして購入することを共助としている。

4 社会保険制度およびサービスを公助としている。

5 自助，互助，共助，公助の概念は，時代や地域によって変わることはないとしている。

（注）「地域包括ケア研究会報告書」とは，「厚生労働省老人保健健康増進等事業 地域包括ケア研究会報告書（2013年（平成25年）3月）」のことである。

カコトレ **過去問チャレンジ！**

Q：**A**さん（80歳，女性）は，認知症（dementia）である。訪問介護（ホームヘルプサービス）を利用しながら自宅で一人暮らしをしている。ある日，**A**さんの娘からサービス提供責任者に，今年は**A**さんが一人で雪かきができるか不安であると相談があった。サービス提供責任者が地区の民生委員に相談したところ，近所の人たちが雪かきをしてくれることになった。

地域包括ケアシステムにおける，**A**さんの雪かきの課題への対応として，**最も適切なもの**を**1つ**選びなさい。

1 自助　2 互助　3 介助　4 扶助　5 公助

A：2　近所の人たちと助け合うことは，互助である。

（第35回 問題115より改変）

重要度 ★★☆

2-1 日本の社会保障制度の発達

日本の社会保障に関する法律や制度を確認しよう。

▶解答・解説は 107 ～ 109 ページ

問題 1　日本国憲法で定められている権利と条文の組み合わせとして，**正しいもの**を **1 つ**選びなさい。

1　幸福追求権　――　第 19 条
2　新しい人権　――　第 15 条
3　思想の自由　――　第 29 条
4　生存権　―――　第 25 条
5　財産権　―――　第 13 条

問題 2　我が国の社会保障制度に大きな影響を与えた，1950（昭和 25）年「社会保障制度に関する勧告」で定めた社会保障制度の定義の内容に**含まれないもの**を **1 つ**選びなさい。

1　生活困窮に陥った者に対しては，国家扶助によって最低限度の生活を保障する。
2　困窮の原因に対し，保険的方法又は直接公の負担において経済保障の途を講じる。
3　公衆衛生及び社会福祉の向上を図る。
4　すべての国民が文化的社会の成員たるに値する生活を営むことができるようにする。
5　思想及び良心の自由は，これを侵してはならない。

問題3　昭和 20 年代に成立した福祉三法に続いて制定され，その後福祉六法に含まれるようになった法律として，**正しいものを 1 つ**選びなさい。

1　児童福祉法
2　身体障害者福祉法
3　生活保護法
4　老人福祉法
5　老人保健法

カコトレ　**過去問チャレンジ！**

Q：我が国の社会保障制度の基本となる，1950 年（昭和 25 年）の社会保障制度審議会による「社会保障制度に関する勧告」の内容として，**最も適切なもの**を **1 つ**選びなさい。

1　生活困窮者自立支援法の制定の提言
2　社会保障制度を，社会保険，国家扶助，公衆衛生及び医療，社会福祉で構成
3　介護保険制度の創設の提言
4　保育所の待機児童ゼロ作戦の提言
5　介護分野における ICT 等の活用とビッグデータの整備

A：2　この勧告では，社会保障制度を社会保険，国家扶助，公衆衛生及び医療，社会福祉の 4 つに分類し，その後の我が国の社会保障制度のあり方の指針となった。　(第 35 回 問題 9 より)

2-2 日本の社会保障制度のしくみ

重要度
★★☆

日本の社会保障制度や社会保険について確認しよう。

▶解答・解説は 110 ～ 112 ページ

問題 4　日本の社会保障制度のしくみに関する次の記述のうち，**正しいものを 1 つ**選びなさい。

1　社会保険には生活保護が含まれる。

2　社会保障給付費の財源はすべて税金（公費）でまかなわれている。

3　国民健康保険の保険者は市町村のみである。

4　日本国憲法第 13 条の理念のもとに行われる。

5　日本の社会保障制度の根底にある考え方は，相互扶助と社会連帯である。

問題 5　日本の社会保険制度に関する記述のうち，**適切なものを 1 つ**選びなさい。

1　いわゆる広義の社会保険は，医療保険，年金保険，雇用保険，労災保険，介護保険の 5 つである。

2　社会保険への加入は任意である。

3　給付の形態は，現金給付に限られる。

4　保険料だけで運営されるため，公費負担はない。

5　医療保険の保険料は，加入者個人の年齢や生活習慣などを評価して算定される。

問題 6　日本の社会保険制度に関する次の記述のうち，**適切なもの**を**1 つ**選びなさい。

1　日本の公的年金保険制度において，厚生年金は基礎年金として1階部分を構成している。

2　健康保険は，主に中小企業や大企業の被用者を対象とした医療保険である。

3　後期高齢者医療制度は 65 歳以上の者が対象である。

4　労働者災害補償保険の保険料負担は，原則として労使折半である。

5　雇用保険の給付に関する業務は，日本年金機構が行う。

カコトレ **過去問チャレンジ！**

Q：日本の社会保険制度に関する記述のうち，**適切なもの**を **1 つ**選びなさい。

1　加入は，個人が選択できる。
2　保険料だけで運営され，公費負担は行われない。
3　医療保険，年金保険，雇用保険，労災保険，介護保険の 5 つである。
4　給付の形態は，現金給付に限られる。
5　保険料は，加入者個人のリスクに見合った額になる。

A：3　広義の日本の社会保険は，医療保険，年金保険，雇用保険，労災保険，介護保険の 5 つである。　（第 29 回 問題 7 より）

2-3 社会福祉法

重要度 ★☆☆

社会福祉を支える社会福祉法と社会福祉法人を確認しよう。

▶解答・解説は 113 ～ 115 ページ

問題 7　社会福祉法に関する次の記述のうち，**正しいもの**を**1つ**選びなさい。

1　社会福祉法は，社会福祉士及び介護福祉士の資格について定めている。

2　社会福祉法は，具体的な社会福祉事業を限定列挙している。

3　社会福祉法は，国民保健の向上及び高齢者の福祉の増進を図ることを目的としている。

4　社会福祉法では，老人の日を 9 月 15 日と定めている。

5　社会福祉法には，国や地方公共団体が提供する福祉サービス体制についての記述はない。

問題 8　社会福祉法人に関する次の記述のうち，**正しいもの**を**1つ**選びなさい。

1　営利を目的としていないため，収益事業を行ってはならない。

2　社会福祉法人についての定義を定めているのは介護保険法である。

3　社会福祉法人は，登記を行う必要はない。

4　評議員会の設置は，義務である。

5　法人も社会福祉法人の評議員になれる。

問題 9　次のうち，2020（令和 2）年の社会福祉法等の改正に関する記述として，**最も適切なもの**を **1 つ**選びなさい。

1　認知症への理解を深めるための普及・啓発の推進
2　活力ある高齢者像の構築
3　社会福祉連携推進法人制度の創設
4　地域密着型サービスの創設
5　ロボット等の機械の活用から，人によるケアへの転換

（注）2020（令和 2）年の社会福祉法等の改正とは，「地域共生社会の実現のための社会福祉法等の一部を改正する法律（令和 2 年法律第 52 号）」をいう。

カコトレ　**過去問チャレンジ！**

Q：社会福祉法人に関する次の記述のうち，**適切なもの**を **1 つ**選びなさい。

1　設立にあたっては，所在地の都道府県知事が厚生労働大臣に届出を行う。
2　収益事業は実施することができない。
3　事業運営の透明性を高めるために，財務諸表を公表することとされている。
4　評議員会の設置は任意である。
5　福祉人材確保に関する指針を策定する責務がある。

A：3　社会福祉法第 59 条にて，計算書類等や財産目録等を所轄庁に届け出なければならないと規定されている。

（第 31 回 問題 16 より）

2-4 労働者災害補償保険法

重要度 ★☆☆

労働中の災害に関する社会保険を確認しよう。

▶解答・解説は 116 ～ 118 ページ

問題 10　労働者災害補償保険制度に関する次の記述のうち，**正しいものを 1 つ**選びなさい。

1　保険料は，雇用主と労働者がそれぞれ負担する。

2　パートやアルバイトも保険給付の対象である。

3　業務時間内に地震，台風など天災地変によって被災した場合，原則として保険給付の対象である。

4　退勤後の帰り道の事故は，保険給付の対象外である。

5　業務上の心理的負荷による精神障害は，保険給付の対象である。

問題 11　労働者災害補償保険制度に関する次の記述のうち，**正しいものを 1 つ**選びなさい。

1　保険者は，全国健康保険協会または健康保険組合である。

2　労災保険率は，業種にかかわらず一律である。

3　労災保険率または保険額は，個別事業場の災害率に応じて増減する。

4　精神障害は，労災認定における疾病の対象として認められない。

5　保険給付の決定に対する不服申立ての機関は，福祉事務所である。

問題 12　**C** さん（38 歳，男性）は会社員で，専業主婦の妻（30 歳）と二人暮らしである。半年ほど前，業務上のミスをきっかけとして，上司から恫喝や暴言などのパワーハラスメントを日常的に受けるようになった。夜も眠れない日が続いたため病院を受診したところ，うつ病（depression）と診断された。妻から労働者災害補償保険制度の利用を勧められ，申請することにした。

C さんの労働者災害補償保険の利用に関する次の記述のうち，**最も適切なもの**を **1 つ**選びなさい。

1　医療の給付は，現金給付である。
2　妻も給付の対象となる。
3　保険料は毎月の賃金から天引きされている。
4　申請は労働基準監督署に行う。
5　ストレスによるうつ病は，給付の対象外である。

カコトレ　過去問チャレンジ！

Q：労働者災害補償保険制度に関する次の記述のうち，**正しいもの**を **1 つ**選びなさい。

1　パートやアルバイトは，保険給付の対象である。
2　保険料は，雇用主と労働者がそれぞれ負担する。
3　通勤途上の事故は，保険給付の対象外である。
4　業務上の心理的負荷による精神障害は，保険給付の対象である。
5　従業員がいない自営業者は，保険給付の対象である。

A：1　原則として，パートやアルバイト等の雇用形態にかかわらず，労働の対価として賃金を受けるすべての労働者が対象となる。

（第 31 回 問題 10 より）

2-5 社会保障給付費

重要度 ★★☆

日本の社会保障に関連する費用である「社会保障給付費」をつかもう。

▶解答・解説は 119 ～ 121 ページ

問題 13 社会保障給付費に関する次の記述のうち，**正しいものを 1 つ**選びなさい。

1　サービス関連の給付費を除き 1 年間に給付される現金の総額である。

2　2000（平成 12）年度以降の給付費に占める介護対策の割合は増加傾向にある。

3　2020（令和 2）年度の給付費の総額は約 70 兆円である。

4　2020（令和 2）年度の社会保障財源を項目別にみると，社会保険料が約 9 割を占めている。

5　2020（令和 2）年度の社会保障給付費を「医療」「年金」「福祉その他」に分類した場合，最も多いのは「医療」である。

問題 14 2020（令和 2）年度の社会保障給付費に関する次の記述のうち，**正しいものを 1 つ**選びなさい。

1　国の一般会計当初予算は，社会保障費を上回っている。

2　介護対策の給付費は，全体の 40％を超えている。

3　年金関係の給付費は，全体の 60％を超えている。

4　医療関係の給付費は，前年度より減少している。

5　福祉その他の給付費は，前年度より増加している。

問題 15　2020（令和 2）年度の社会保障給付費に関する次の記述のうち，**正しいものを 1 つ**選びなさい。

1　社会保障給付費が国内総生産（GDP）に占める割合は，50%を超えている。

2　部門別社会保障給付費において，「年金」の占める割合は 40%を超えている。

3　部門別社会保障給付費において，「福祉その他」に含まれる「介護対策」が占める割合は全体の約 20%である。

4　部門別社会保障給付費において，対前年度伸び率は「医療」が最も高い。

5　社会保障財源の項目別割合では，「公費負担」が「社会保険料」を上回っている。

カコトレ **過去問チャレンジ！**

Q：2020 年度（令和 2 年度）の社会保障給付費に関する次の記述のうち，**正しいものを 1 つ**選びなさい。

1　国の一般会計当初予算は，社会保障費を上回っている。
2　介護対策の給付費は，全体の 30%を超えている。
3　年金関係の給付費は，全体の 40%を超えている。
4　医療関係の給付費は，前年度より減少している。
5　福祉その他の給付費は，前年度より減少している。

A：3 「令和 2 年度 社会保障費用統計」によれば，年金関係の給付費は 55 兆 6,336 億円（42.1%）なので，全体の 40%を超えている。

（正解 3　第 33 回 問題 8 より改変）

重要度
★☆☆

3-1 高齢者の状況

日本の高齢者の状況や平均寿命と健康寿命について，確認しよう。

▶解答・解説は 122 ～ 124 ページ

問題 1　日本の高齢化に関する次の記述のうち，**最も適切なものを 1 つ**選びなさい。

1　日本は現在，高齢社会に突入している。

2　人口を維持するためには，合計特殊出生率が 2.5 以上であることが求められる。

3　65 歳以上の高齢者人口は，2025（令和 7）年には減少傾向に転じるといわれている。

4　高齢世代を支える現役世代（生産年齢人口）は，減少傾向にある。

5　老老介護のうち，後期高齢者が後期高齢者を介護する割合は，減少傾向にある。

問題 2　日本の平均寿命と健康寿命に関する次の記述のうち，**最も適切なものを 1 つ**選びなさい。

1　健康寿命とは，平均寿命から寝たきりなどで日常生活に制限のある期間を差し引いた期間を指す。

2　健康寿命は年々延伸している。

3　平均寿命とは，60 歳の平均余命である。

4　ロコモティブシンドローム（運動器症候群）は，動脈硬化を引き起こす。

5　健康上の問題で日常生活に何らかの制限がある期間は，女性より男性のほうが長い傾向にある。

問題3　健康長寿社会に関する次の記述のうち，**最も適切なものを1つ**選びなさい。

1　2019（令和元）年時点の日本における平均寿命と健康寿命の差は，男性が約5年，女性が約8年である。

2　2021（令和3）年時点の日本におけるがん（cancer）の部位別死亡者数は，男女ともに胃がん（gastric cancer）が最も多い。

3　WHO（世界保健機関）は，健康を肉体的，精神的および社会的に完全に良好な状態であると定義している。

4　「健康日本21（第二次）」最終評価報告書では，「メタボリックシンドロームの該当者及び予備群の減少」などは目標値に達したが，「健康寿命の延伸」などは悪化した。

5　ロコモティブシンドローム（運動器症候群）対策は，平均寿命を延ばすことを目的に行われる。

（注）「健康日本21（第二次）」とは，「二十一世紀における第二次国民健康づくり運動」のことである。

カコトレ　過去問チャレンジ！

Q：2019年（平成31年，令和元年）における，我が国の寿命と死因に関する次の記述のうち，**正しいものを1つ**選びなさい。

1　健康寿命は，平均寿命よりも長い。

2　人口全体の死因順位では，老衰が悪性新生物より上位である。

3　人口全体の死因で最も多いのは，脳血管障害である。

4　平均寿命は，男女とも75歳未満である。

5　90歳女性の平均余命は，5年以上である。

A：5　90歳女性の平均余命は5.71年。（令和元年簡易生命表（厚生労働省）より）

（第34回 問題71より改変）

3-2 高齢者の保健福祉に関連する法律

重要度 ★☆☆

高齢者の保健福祉に関連する法律や制度をつかもう。

▶解答・解説は 125 ～ 127 ページ

問題 4 医療や福祉の法律での年齢に関する次の記述のうち，**正しいものを 1 つ**選びなさい。

1 35 歳の人は，介護保険施設に入所できる。

2 40 歳以上 65 歳未満の医療保険加入者は，介護保険の第一号被保険者である。

3 70 歳の人は，医療保険の後期高齢者である。

4 65 歳の人は，介護保険の第一号被保険者である。

5 60 歳の人は，後期高齢者医療の被保険者である。

問題 5 高齢者の医療に関する次の記述のうち，**正しいものを 1 つ**選びなさい。

1 「高齢者医療確保法」では，75 歳以上を後期高齢者としている。

2 特定健康診査は，60 歳以上に対して行われる。

3 後期高齢者医療制度の運営主体は，健康保険組合である。

4 後期高齢者医療制度の財源の約 5 割は，後期高齢者の保険料である。

5 後期高齢者医療制度は，老人福祉法に基づいている。

(注)「高齢者医療確保法」とは，「高齢者の医療の確保に関する法律」のことである。

問題 6　後期高齢者医療制度に関する次の記述のうち，**正しいもの**を**1 つ**選びなさい。

1　加入対象は，原則 65 歳以上である。

2　生活保護受給者も対象となる。

3　医療費の利用者負担割合は原則 1 割で，所得に応じて 2 ～ 3 割の負担となる。

4　保険料負担は世帯単位である。

5　医療費の自己負担上限額は設けられていない。

カコトレ **過去問チャレンジ！**

Q：医療や福祉の法律での年齢に関する次の記述のうち，**正しいもの**を **1 つ**選びなさい。

1　35 歳の人は，老人福祉施設に入所できる。

2　50 歳の人は，介護保険の第一号被保険者である。

3　60 歳の人は，医療保険の前期高齢者である。

4　70 歳の人は，介護保険の第二号被保険者である。

5　75 歳の人は，後期高齢者医療の被保険者である。

A：5　75 歳以上の人は，後期高齢者医療制度の加入対象である。

（第 33 回 問題 70 より）

3-3 介護保険制度（保険者・被保険者など）

重要度 ★★★

介護保険制度の目的，保険者・被保険者を確認しよう。

▶解答・解説は 128 ～ 130 ページ

問題 7　介護保険法第 1 条に規定されている内容に関する次の記述のうち，**正しいものを 1 つ**選びなさい。

1　高齢化の進展に適切に対処するための施策に関し，基本理念を定める。

2　福祉サービス利用者の利益の保護及び地域における社会福祉の推進を図る。

3　高齢者虐待の防止，養護者に対する支援等に関する施策の促進を図る。

4　日本国憲法第 25 条に規定する理念に基づき，最低限度の生活を保障する。

5　国民の共同連帯の理念に基づいている。

問題 8　介護保険法の保険者として，**正しいものを 1 つ**選びなさい。

1　市町村および特別区

2　都道府県

3　国

4　財政安定化基金

5　民間保険

問題 9　介護保険制度の被保険者に関する次の記述のうち，**正しいものを 1 つ**選びなさい。

1　第一号被保険者は，65 歳以上の者である。
2　第一号被保険者は，医療保険に加入していなければならない。
3　第一号被保険者の保険料は，国が徴収する。
4　第二号被保険者の保険料は，全国一律である。
5　第二号被保険者は，要介護状態となった原因にかかわらず，介護給付を受けることができる。

カコトレ 過去問チャレンジ！

Q：介護保険制度の被保険者に関する次の記述のうち，**正しいものを 1 つ**選びなさい。

1　加入は任意である。
2　第一号被保険者は，65 歳以上の者である。
3　第二号被保険者は，20 歳以上 65 歳未満の医療保険加入者である。
4　第一号被保険者の保険料は，都道府県が徴収する。
5　第二号被保険者の保険料は，国が徴収する。

A：2　介護保険の第一号被保険者は，65 歳以上の者である。

（第 32 回 問題 9 より）

3-4 介護保険制度（財源構成など）

重要度 ★★☆

介護保険制度の財源構成などについて確認しよう。

▶解答・解説は 131，132 ページ

問題 10　介護保険制度の財源に関する次の記述のうち，**適切なもの**を**1つ**選びなさい。

1　保険料の支払いは任意である。

2　公費負担で構成される。

3　現役世代からの支援金も含まれている。

4　公費と第一号保険料で構成される。

5　公費と第一号保険料，第二号保険料で構成される。

問題 11　介護保険制度のしくみに関する次の記述のうち，**正しいもの**を**1つ**選びなさい。

1　介護保険の財源は保険料のみでまかなわれている。

2　第一号被保険者の介護保険サービスの利用者負担率は，収入で区分されている。

3　都道府県は，介護保険特別会計を設置する。

4　介護保険サービスの利用者負担額は，受けたサービス量にかかわらず一律である。

5　介護保険サービスの給付は，法律上，現物給付である。

問題 12　介護保険サービスの利用者負担に関する次の記述のうち，**正しいもの**を**1つ**選びなさい。

1　居宅サービス計画の作成にかかる利用者負担は1割である。
2　介護保険サービスの自己負担は原則として2割である。
3　居宅サービスの保険給付には，月額の支給限度額はない。
4　介護サービスの自己負担額が一定以上の額を超えた場合は，所得に応じて高額介護サービス費として支給される。
5　介護保険サービスの利用料は応能負担である。

過去問チャレンジ！

Q：介護保険制度の保険給付の財源構成として，**適切なもの**を**1つ**選びなさい。

1　保険料
2　公費
3　公費，保険料，現役世代からの支援金
4　公費，第一号保険料
5　公費，第一号保険料，第二号保険料

A：5　介護保険の財源は公費が50%，保険料が50%である。

(第34回 問題10より)

重要度 ★★★

3-5 要介護認定

介護保険制度の要介護認定について確認しよう。

▶解答・解説は 133，134 ページ

問題 13　介護保険法に規定される要介護認定に関する次の記述のうち，**正しいものを 1 つ**選びなさい。

1　保険給付を受けるためには，要介護認定を受ける必要がある。
2　要介護認定の対象は，65 歳以上の第一号被保険者に限られる。
3　要介護認定の取消しは，都道府県が行わなければならない。
4　都道府県は，要介護認定の審査及び判定の基準を定める。
5　国は，要介護認定の結果を当該被保険者に通知しなければならない。

問題 14　介護保険制度の利用に関する次の記述のうち，**最も適切なものを 1 つ**選びなさい。

1　要介護認定の申請ができるのは本人および家族に限られる。
2　要介護認定の審査・判定は，介護保険審査会が行う。
3　居宅サービス計画の作成は，原則として要介護認定の前に行う。
4　要介護認定の結果が出た後に，主治医の意見書をつける。
5　施設サービス計画の作成は，原則として介護保険施設の介護支援専門員が行う。

問題 15　**E** さん（73 歳，女性，要介護 2）は，認知症対応型共同生活介護（グループホーム）に入所している。最近，**E** さんの認知症（dementia）が進行して，グループホームでの共同生活が難しくなってきた。そのため，家族は介護老人福祉施設の入所を検討した。家族がグループホームの介護福祉職に相談したところ，まだ要介護認定の有効期間が残っていたが，要介護状態区分の変更の申請ができることがわかった。

家族が区分変更するときの申請先として，**正しいものを１つ**選びなさい。

1 介護認定審査会
2 介護保険審査会
3 介護保険の保険者
4 厚生労働省
5 介護老人福祉施設

カコトレ **過去問チャレンジ！**

Q：介護保険制度の利用に関する次の記述のうち，**最も適切なもの**を**１つ**選びなさい。

1 要介護認定は，介護保険被保険者証の交付の前に行う。
2 要介護認定には，主治医の意見書は不要である。
3 要介護認定の審査・判定は，市町村の委託を受けた医療機関が行う。
4 居宅サービス計画の作成は，原則として要介護認定の後に行う。
5 要介護者の施設サービス計画の作成は，地域包括支援センターが行う。

A：4 選択肢のとおり，要介護認定の後に行う。

（第 33 回 問題 10 より）

3-6 要介護認定（審査請求など）

重要度 ★★★

要介護認定の審査請求などを確認しよう。

▶解答・解説は 135，136 ページ

問題 16　要介護認定後，認定結果に不満を抱いた人が審査請求（不服申立て）をする機関として，**適切なものを 1 つ**選びなさい。

1　保険者である市町村および特別区
2　国民健康保険団体連合会
3　介護認定審査会
4　介護保険審査会
5　介護給付費審査委員会

問題 17　介護保険審査会に関する次の記述のうち，**正しいものを 1 つ**選びなさい。

1　保険料に対する審査請求はできない。
2　財政安定化基金が設置されている。
3　都道府県に設置される。
4　介護報酬の基準額の改定を行う。
5　要介護認定の審査・判定を行う。

問題 18　介護保険制度における市町村の役割として，**正しいもの**を**1 つ**選びなさい。

1　指定居宅介護支援事業者の指定
2　要介護認定基準の設定
3　介護報酬の算定基準の設定
4　財政安定化基金の設置
5　指定居宅サービス事業者の指定

カコトレ　**過去問チャレンジ！**

Q：介護保険審査会の設置主体として，**正しいもの**を **1 つ**選びなさい。

1　市町村社会福祉協議会
2　都道府県社会福祉協議会
3　市町村
4　都道府県
5　国

A：4　介護保険審査会の設置は，都道府県の義務である。

（第 25 回 問題 10 より）

3-7 介護保険サービス1

重要度 ★★☆

介護保険サービスの内容について確認しよう。

▶解答・解説は 137 ～ 139 ページ

問題 19　介護保険制度における訪問介護（ホームヘルプサービス）に関する次の記述のうち，**正しいもの**を**1つ**選びなさい。

1　利用者の同居家族のための調理や洗濯も認められる。
2　サービス付き高齢者向け住宅の入居者も利用できる。
3　病院への付き添いは認められていない。
4　生活上の相談・助言等は含まれない。
5　利用者本人の不在中にも提供できる。

問題 20　介護保険制度における訪問介護（ホームヘルプサービス）のサービスに含まれるものとして，**適切なもの**を**1つ**選びなさい。

1　公共料金の支払いの代行
2　利用者の家族に食事を作る。
3　服薬介助
4　庭の清掃
5　訪問時以外の安否確認

問題 21 **C** さん（76歳，男性）は，2年前に妻に先立たれ，一人暮らしをしている。最近，物忘れが多くなり，家事に不安を抱えるようになった。また，筋力低下もあり，いつ転倒してもおかしくない状態である。**C** さんは介護保険制度を利用したいと考え，近くの地域包括支援センターに相談し介護保険の申請をした結果，要支援2と認定された。

C さんのサービス利用に関する次の記述のうち，**適切なもの**を**1つ**選びなさい。

1　介護老人福祉施設に入所できる。
2　地域支援事業の訪問型サービスを利用できる。
3　地域包括支援センターに個別援助計画の作成を依頼できる。
4　地域密着型通所介護を利用できる。
5　認知症老人徘徊感知機器の貸与を受けることができる。

カコトレ **過去問チャレンジ！**

Q：介護保険制度における訪問介護（ホームヘルプサービス）のサービスに含まれるものとして，**適切なもの**を**1つ**選びなさい。

1　理美容サービス
2　通帳と印鑑の預かり
3　生活等に関する相談・助言
4　庭の草むしり
5　訪問日以外の安否確認

A：3　訪問介護のサービスに含まれる内容である。

（第29回 問題9より）

3-8 介護保険サービス 2

重要度 ★★☆

介護保険サービスの内容について確認しよう。

▶解答・解説は 140，141 ページ

問題 22　介護老人保健施設に関する次の記述のうち，**最も適切なものを 1 つ**選びなさい。

1　医療法に規定されている。

2　医師の配置は非常勤でよい。

3　入所は要介護 3 以上の人に限る。

4　理学療法士または作業療法士の配置が必要である。

5　看取りを行うことはできない。

問題 23　**C** さん（85 歳，男性，要介護 3）は，認知症（dementia）があり，通所介護（デイサービス）を利用しながら妻（83 歳）と二人で暮らしていた。最近，妻の腰痛が悪化し，**C** さんの介護に負担を感じるようになったことから，**C** さんは U 介護老人福祉施設に入所することになった。

U 介護老人福祉施設の介護支援専門員（ケアマネジャー）が行うこととして，**最も適切なものを 1 つ**選びなさい。

1　通所介護（デイサービス）を継続して利用できるよう，**C** さんが通っていた通所介護（デイサービス）の生活相談員に依頼する。

2　妻の状態を地域包括支援センターに報告する。

3　施設サービス計画（ケアプラン）を作成する。

4　個別援助計画書を作成する。

5　**C** さんは認知症（dementia）があるため，施設の説明を妻にのみ行う。

問題 24　認知症対応型共同生活介護（グループホーム）に入居中の利用者に，要介護度の変更があった場合に影響があるものとして，**正しいもの**を**1つ**選びなさい。

1　介護保険料
2　介護サービスの利用者負担割合
3　認知症対応型共同生活介護費
4　食費
5　光熱水費

Q：介護老人福祉施設に関する次の記述のうち，**適切なもの**を**1つ**選びなさい。

1　障害者自立支援法を根拠とする。
2　居宅への復帰が可能かどうかの判断は，家族の意向を最優先する。
3　要支援2の認定を受けた者が入所できる。
4　長期にわたる療養が必要であると認められる場合に，入所する施設である。
5　介護保険第2号被保険者でも，要介護認定を受けることが入所の要件である。

A：5　入所には，要介護認定を受けることが必要である。

(第25回 問題29より)

3-9 介護保険制度（地域支援事業）

重要度 ★☆☆

介護保険制度における地域生活支援事業について確認しよう。

▶解答・解説は 142 ～ 144 ページ

問題 25 地域支援事業の包括的支援事業に含まれる事業として，**適切なもの**を **1 つ**選びなさい。

1 予防給付
2 介護給付
3 家族介護支援事業
4 第一号通所事業（通所型サービス）
5 地域ケア会議推進事業

問題 26 介護予防・日常生活支援総合事業のうち，介護予防・生活支援サービス事業に含まれる事業として，**正しいもの**を **1 つ**選びなさい。

1 介護予防把握事業
2 介護予防普及啓発事業
3 介護予防ケアマネジメント
4 地域介護予防活動支援事業
5 地域リハビリテーション活動支援事業

問題 27　介護保険制度における地域ケア会議の機能として，**適切なものを 1 つ**選びなさい。

1　居宅サービス計画の作成
2　事業所の事業運営の推進
3　地域包括支援業務の運営評価
4　地域包括支援ネットワークの構築
5　介護保険事業計画の計画案

過去問チャレンジ！

Q：介護予防・日常生活支援総合事業に含まれる事業として，**適切なものを 1 つ**選びなさい。

1　家族介護支援事業
2　予防給付
3　介護給付
4　権利擁護事業
5　第一号訪問事業（訪問型サービス）

A：5　第一号訪問事業（訪問型サービス）は，介護予防・日常生活支援総合事業に含まれる。
（第 32 回 問題 10 より）

3-10 介護保険制度（利用者を守るしくみ）

重要度 ★☆☆

介護保険サービスの利用者を守るしくみを確認しよう。

▶解答・解説は 145，146 ページ

問題 28　**A** さん（77 歳，女性）はＵ事業所の訪問介護（ホームヘルプサービス）とＶ事業所の通所介護（デイサービス）を利用している。**A** さんは通所介護（デイサービス）のサービス内容に不満があり，事業所と話合いをしたが，問題が解決しなかったとＵ事業所の訪問介護員（ホームヘルパー）に相談した。

このときの訪問介護員（ホームヘルパー）の対応として，**最も適切なもの**を **1 つ**選びなさい。

1　Ｕ事業所のサービス提供責任者より，Ｖ事業所の通所介護（デイサービス）に注意することを伝える。

2　Ｖ事業所の利用をやめるよう助言する。

3　介護保険審査会に申し出るように助言する。

4　第三者機関の相談窓口に申し出るよう助言する。

5　日常生活自立支援事業を契約して，苦情解決制度を利用するよう助言する。

問題 29　**C** さん（65 歳，男性）は，ここ最近，通所介護（デイサービス）の送迎がケアプランに示された時間より遅れることが多いため，不満に思っていた。妻の **D** さん（66 歳）は，その件に関して通所介護事業所に苦情を申し立てた。

通所介護事業所の対応として，**最も適切なもの**を **1 つ**選びなさい。

1　苦情は担当の介護支援専門員（ケアマネジャー）に伝えるよう **D** さんに話す。
2　送迎時間が遅れることは仕方ないと説明する。
3　苦情内容を国民健康保険団体連合会へ報告する。
4　市町村から求めがあったときは，改善内容を市町村に報告しなければならない。
5　苦情申立ては，**C** さん本人しか認められないことを伝える。

問題 30　介護保険制度における介護サービス情報の公表制度に関する次の記述のうち，**正しいもの**を **1 つ**選びなさい。

1　指定情報公表センターは，市町村ごとに設置される。
2　公表される介護サービス情報には，運営の状況に関する内容が含まれる。
3　訪問介護事業者は，介護サービス情報を市町村長に報告する。
4　指定調査機関は，調査する事業所の利用者全員に面接して調査を行う。
5　介護サービス情報の公表は，紙に印刷した文書によるものに限られる。

3-11 介護保険制度（介護支援専門員）

重要度 ★☆☆

介護保険制度における介護支援専門員の役割を確認しよう。

▶解答・解説は 147，148 ページ

問題 31　介護支援専門員（ケアマネジャー）に関する次の記述のうち，**正しいものを 1 つ**選びなさい。

1　介護支援専門員証は更新を必要としない。

2　市区町村長の登録を受ける。

3　業務に関する指示・命令に従わない場合，厚生労働大臣による業務禁止命令を受ける。

4　介護サービスが特定の事業者・施設等に不当に偏ることのないように業務を行わなければならない。

5　秘密保持義務は，在職中に限られる。

問題 32　介護保険制度における居宅の介護支援専門員（ケアマネジャー）の役割に関する次の記述のうち，**最も適切なものを 1 つ**選びなさい。

1　日常生活上の介護を行う。

2　居宅サービス計画（ケアプラン）の実施状況のモニタリング（monitoring）を 3 か月に 1 回行う。

3　要介護認定の申請手続きを代行できる。

4　依頼があればサービス担当者会議に出席する。

5　介護サービスを支給限度額上限まで利用できるよう調整する。

問題 33　介護保険制度のサービス担当者会議に関する次の記述のうち，**最も適切なもの**を**1つ**選びなさい。

1　会議の招集は市区町村長が行う。

2　会議に利用者本人は参加しない。

3　月１回開催することが義務づけられている。

4　居宅サービス計画の作成を目的とする。

5　会議では利用者の氏名は匿名化される。

カコトレ　過去問チャレンジ！

Q：介護保険制度のサービス担当者会議に関する次の記述のうち，**最も適切なもの**を**1つ**選びなさい。

1　会議の招集は介護支援専門員（ケアマネジャー）の職務である。

2　利用者の自宅で開催することが義務づけられている。

3　月１回以上の頻度で開催することが義務づけられている。

4　サービス提供者の実践力の向上を目的とする。

5　利用者の氏名は匿名化される。

A：1　介護支援専門員（ケアマネジャー）がサービス担当者会議を招集する。　（第 34 回 問題 22 より）

3-12 介護保険制度（専門職の役割）

重要度 ★☆☆

介護保険制度における専門職の役割を確認しよう。

▶解答・解説は 149，150 ページ

問題 34 介護保険施設における専門職の役割に関する次の記述のうち，**最も適切なもの**を**1つ**選びなさい。

1 利用者の療養上の世話または診療の補助は，介護福祉士が行う。

2 利用者の栄養ケア・マネジメントは，保健師が行う。

3 日常生活を営むのに必要な身体機能回復に向けた機能訓練は，理学療法士が行う。

4 利用者の言語機能訓練は，作業療法士が行う。

5 施設サービス計画の作成は，社会福祉士が行う。

問題 35 高血圧症（hypertension）で脳出血（cerebral hemorrhage）を起こして入院治療を行った利用者が，退院後自宅で生活を続けるための専門職の役割として，**最も適切なもの**を**1つ**選びなさい。

1 薬剤師は，高血圧症の薬の処方箋を交付する。

2 歯科衛生士は，高血圧症改善に向けた食事メニューを考える。

3 作業療法士は，日常生活における作業動作の改善・維持を支援する。

4 介護福祉士は，居宅サービス計画を立案する。

5 医師は，訪問リハビリテーションの利用を提案する。

問題 36 介護保険制度における専門職の役割に関する次の記述のうち，**正しいもの**を **1 つ**選びなさい。

1 介護支援専門員（ケアマネジャー）は，居宅療養管理指導を担う。

2 サービス提供責任者は，居宅サービス計画（ケアプラン）の作成を担う。

3 福祉用具専門相談員は，住宅改修工事も行う。

4 介護福祉士は，福祉サービス利用者の相談に応じ，情報提供，助言等を行う。

5 保健師は，健康の保持増進のための保健指導や健康管理等を担う。

カコトレ **過去問チャレンジ！**

Q：糖尿病（diabetes mellitus）のある高齢者（要介護 1）が転倒して，骨折（fracture）した。入院治療後に再び自宅療養を続けるための専門職の役割として，**正しいもの**を **1 つ**選びなさい。

1 看護師は，糖尿病（diabetes mellitus）の薬の処方箋を交付する。

2 理学療法士は，糖尿病（diabetes mellitus）の食事メニューを考える。

3 管理栄養士は，自宅で料理ができるような作業訓練をする。

4 訪問介護員（ホームヘルパー）は，居宅サービス計画を立案する。

5 介護支援専門員（ケアマネジャー）は，訪問リハビリテーションの利用を提案する。

A：5 介護支援専門員（ケアマネジャー）は訪問リハビリテーションを利用する居宅サービス計画（ケアプラン）を提案する。

（第 32 回 問題 76 より）

3-13 介護保険制度（近年の改正）

重要度 ★★☆

2017年の介護保険制度の改正（2018年施行）を中心に近年の改正内容を学ぼう。

▶解答・解説は151～153ページ

問題37 2018（平成30）年に施行された介護保険制度の改正内容として，**正しいもの**を**1つ**選びなさい。

1 地域密着型サービスの創設
2 介護職員等によるたんの吸引等の実施
3 24時間対応の定期巡回・随時対応サービスの創設
4 2割負担の導入
5 介護医療院の創設

問題38 2020（令和2）年に施行された介護保険制度の改正内容として，**正しいもの**を**1つ**選びなさい。

1 地域ケア会議の制度への位置づけ
2 相談支援，参加支援，地域づくりに向けた支援を実施する事業の創設
3 地域密着型サービスの創設
4 共生型サービスの創設
5 特別養護老人ホームの新規入所者を原則要介護3以上とした。

問題39 2017（平成29）年介護保険法の改正で創設された共生型サービスの対象となるサービスとして，**正しいもの**を**1つ**選びなさい。

1 訪問リハビリテーション
2 共同生活援助（グループホーム）
3 行動援護

4　ショートステイ

5　訪問看護

カコトレ **過去問チャレンジ！**

Q：Dさん(64歳，女性，障害支援区分4，身体障害者手帳2級）は，「障害者総合支援法」の居宅介護を利用して生活している。この居宅介護事業所は共生型サービスの対象となっている。

Dさんは65歳になった後のサービスについて心配になり，担当の居宅介護職員に，「65歳になっても今利用しているサービスは使えるのか」と尋ねてきた。

居宅介護事業所の対応として，**最も適切なもの**を**1つ**選びなさい。

1　Dさんは障害者なので介護保険サービスを利用することはないと伝える。

2　障害者の場合は75歳になると介護保険サービスに移行すると伝える。

3　現在利用しているサービスを継続して利用することができると伝える。

4　継続して利用できるかどうか65歳になった後で検討すると伝える。

5　介護予防のための通所介護（デイサービス）を利用することになると伝える。

(注)「障害者総合支援法」とは，「日常生活及び社会生活を総合的に支援するための法律」のことである。

A：3　共生型サービスは，介護保険サービスと障害福祉サービスを同一の事業所で行うサービスである。　(第33回 問題13より)

4-1 障害者の状況・定義

重要度 ★★☆

障害者の状況や障害者の定義を確認しよう。

▶解答・解説は 154 ～ 156 ページ

問題 1 「2016（平成 28）年生活のしづらさなどに関する調査（全国在宅障害児・者等実態調査）」（厚生労働省）における身体障害，知的障害，精神障害の近年の状況に関する次の記述のうち，**正しいものを 1 つ**選びなさい。

1　最も人数の多い障害は，精神障害である。
2　精神障害者の 5 割は，精神障害者保健福祉手帳を所持している。
3　施設入所者の割合が最も高い障害は，身体障害である。
4　在宅の知的障害者の数は，増加傾向にある。
5　在宅の身体障害者のうち，65 歳以上の割合は 8 割を超えている。

問題 2 障害者の定義に関する次の記述のうち，**正しいものを 1 つ**選びなさい。

1　「障害者総合支援法」において，年齢は 20 歳以上の者と定めている。
2　「障害者総合支援法」において，年齢の上限を 65 歳未満の者と定めている。
3　「障害者総合支援法」において，難病患者は除外されている。
4　発達障害者支援法では，発達障害が通常低年齢において発現するものと定めている。
5　身体障害者福祉法では，身体障害者に，身体障害者手帳を保有しない者も含まれている。

（注）「障害者総合支援法」とは，「障害者の日常生活及び社会生活を総合的に支援するための法律」のことである。

問題 3　「障害者総合支援法」における障害者の定義に関する次の記述のうち，**正しいもの**を**1 つ**選びなさい。

1　障害者とは，身体障害者，知的障害者および精神障害者である。

2　知的障害者とは，知的障害者福祉法に定義されている者のうち18 歳以上の者を指す。

3　この法律の成立時，障害者の範囲に新たに発達障害者が加わることになった。

4　身体障害者には，難病患者が含まれる。

5　障害児とは，児童福祉法に規定されている者を指す。

カコトレ 過去問チャレンジ！

Q：「2016 年（平成 28 年）生活のしづらさなどに関する調査（全国在宅障害児・者等実態調査）」（厚生労働省）における身体障害者手帳所持者の日常的な情報入手手段として，**最も割合が高いもの**を**1 つ**選びなさい。

1　家族・友人・介助者

2　パソコン

3　携帯電話

4　テレビ

5　ラジオ

A：4　65 歳未満，65 歳以上の者ともに「テレビ」が最も高く，次いで「家族・友人・介助者」「一般図書・新聞（ちらしを含む）・雑誌」。

（第 33 回 問題 96 より）

4-2 障害者差別解消法と合理的配慮

障害者差別解消法に義務づけられる合理的配慮をつかもう。

▶解答・解説は 157，158 ページ

問題 4 1981（昭和 56）年の「国際障害者年」のテーマとして，**正しいものを 1 つ**選びなさい。

1 インクルージョン
2 障害の予防
3 共生社会
4 合理的配慮
5 完全参加と平等

問題 5 「障害者差別解消法」に関する次の記述のうち，**適切なものを 1 つ**選びなさい。

1 法の対象者は，身体障害者手帳を持っている人に限定されている。
2 差別的取扱いの禁止について，民間事業者は努力義務とした。
3 合理的配慮の提供について，民間事業者にも義務づけられた。
4 障害者は，合理的配慮の提供に努めることが求められる。
5 雇用の分野における障害を理由とする差別の解消について定めている。

（注）「障害者差別解消法」とは，「障害を理由とする差別の解消の推進に関する法律」のことである。

問題 6　軽度の知的障害と下肢に障害のある **C** さん（20歳，女性）は，社会生活を送るうえで困難を感じることも多い。**C** さんは，漢字を読むことや人が多く集まる場所が苦手である。ゆっくりとであれば，自分で歩くことができ，外出の際は親が付き添う。

C さんへの対応として，「障害者差別解消法」の「不当な差別的取扱い」に該当するものとして，**最も適切なもの**を **1 つ**選びなさい。

1　市役所の窓口で，担当者は **C** さんの申し出に応じて，ふりがな付きの資料で説明した。

2　選挙管理委員会は，**C** さんの問合せに応じて，投票所が空いている時間帯を教えた。

3　美術館で本人の同意なく職員が **C** さんを車いすに座らせた。

4　バスの乗車時，**C** さんが声をかけると，運転手は **C** さんの乗車を手伝った。

5　医師は付き添いの親だけでなく，**C** さんにも質問をした。

カコトレ　過去問チャレンジ！

Q：障害者の権利に関する条約で，国際条約上初めて取り上げられた概念として，**正しいもの**を **1 つ**選びなさい。

1　完全参加と平等

2　ノーマライゼーション（normalization）

3　障害の予防

4　共生社会

5　合理的配慮

A：5　この条約で「合理的配慮」が初めて取り上げられた。

（第 28 回 問題 87 より）

4-3 障害者福祉に関する理念

重要度 ★★☆

障害者福祉に関する理念を確認しよう。

▶解答・解説は 159，160 ページ

問題 7　ソーシャルインクルージョン（social inclusion）を説明する次の記述のうち，**最も適切なもの**を**1つ**選びなさい。

1　福祉，保健，医療などのサービスを総合的に利用できるように計画すること。

2　家族，近隣，ボランティアなどによる支援のネットワークのこと。

3　障害者が通常学級で学べる環境を整備すること。

4　障害がある人にノーマルな生活条件を提供すること。

5　あらゆる人が包み込まれて共に生きる社会のこと。

問題 8　ニィリエ（Nirie, B.）が提唱したノーマライゼーション（normalization）の原理として，**最も適切なもの**を**1つ**選びなさい。

1　ノーマライゼーションの8つの原理

2　大規模施設での隔離

3　ソーシャルロール・バロリゼーション

4　完全参加と平等

5　自由・平等の原理

問題 9　エンパワメント（empowerment）を説明する記述として，**最も適切なもの**を **1 つ**選びなさい。

1　利用者の長所に着目する。

2　利用者が自らの力を自覚して行動できるよう支援する。

3　全人間的復権を目指して支援する。

4　利用者の権利を代弁・擁護する。

5　利用者の自己決定を尊重する。

カコトレ 過去問チャレンジ！

Q：ノーマライゼーション（normalization）を説明する次の記述のうち，**最も適切なもの**を **1 つ**選びなさい。

1　福祉，保健，医療などのサービスを総合的に利用できるように計画すること。

2　家族，近隣，ボランティアなどによる支援のネットワークのこと。

3　利用者自身が問題を解決していく力を獲得していくこと。

4　障害があっても地域社会の一員として生活が送れるように条件整備をすること。

5　利用者の心身の状態やニーズを把握すること。

A：4　デンマークのバンク - ミケルセン（Bank-Mikkelsen, N. E.）によって提唱された。　（第 33 回 問題 12 より）

重要度
★★☆

4-4 障害福祉計画

障害者総合支援法に定める障害福祉計画を確認しよう。

▶解答・解説は 161，162 ページ

問題 10　障害福祉計画に関する次の記述のうち，**正しいものを 1 つ**選びなさい。

1　都道府県知事は基本的な指針を定めなければならない。

2　都道府県障害福祉計画の策定は義務である。

3　市町村障害福祉計画の策定は努力義務である。

4　障害福祉計画と障害児福祉計画の計画期間は５年である。

5　文化芸術活動・スポーツの振興についての目標設定が義務づけられている。

問題 11　障害福祉計画に関する次の記述のうち，**正しいものを 1 つ**選びなさい。

1　障害者基本法に規定されている。

2　計画期間は５年である。

3　成果目標が規定されている。

4　障害児支援の提供体制の整備は規定されていない。

5　障害児福祉計画の策定と同時期から開始されている。

問題 12　障害福祉計画において，ノーマライゼーション（normalization）の理念に沿って設定された成果目標として，**最も適切なもの**を**1つ**選びなさい。

1　福祉施設の入所者の地域生活への移行
2　障害福祉人材の確保
3　発達障害者等支援の一層の充実
4　障害者の社会参加を支える取組
5　共生社会の実現に向けた取組

過去問チャレンジ！

Q：障害福祉計画に関する次の記述のうち，**正しいもの**を**1つ**選びなさい。

1　厚生労働大臣は基本的な指針を定めなければならない。
2　都道府県による策定は努力義務である。
3　市町村による策定は努力義務である。
4　障害児福祉計画とは計画期間が異なっている。
5　文化芸術活動・スポーツの振興についての目標設定をしなければならない。

A：1　厚生労働大臣は基本的な指針を定めなければならない。

（第 32 回 問題 11 より）

4-5 障害者総合支援制度（自立支援給付 1）

重要度 ★★★

障害者総合支援制度の自立支援給付を確認しよう。

▶解答・解説は 163 ～ 165 ページ

問題 13　「障害者総合支援法」の生活介護を利用したときの利用者負担の考え方として，**適切なものを 1 つ**選びなさい。

1　利用したサービスの種類や量に応じて負担する。

2　利用したサービス費用の一定の割合を負担する。

3　利用したサービス費用の全額を負担する。

4　利用者の所得に応じて負担する。

5　利用者は負担しない。

（注）「障害者総合支援法」とは，「障害者の日常生活及び社会生活を総合的に支援するための法律」のことである。

問題 14　重度訪問介護に関する次の記述のうち，**適切なものを 1 つ**選びなさい。

1　精神障害者は対象にならない。

2　障害が視覚障害のみの場合でも利用できる。

3　外出時における移動中の介護は含まれない。

4　訪問看護との同時利用ができる。

5　利用者が医療機関に入院した場合，医療機関で支援することはできない。

問題 15　**D** さん（52 歳，男性）は妻（49 歳）と二人で暮らしている。**D** さんは 3 年前に事故に遭い，頸椎を損傷し身体障害者となった。「障害者総合支援法」における障害支援区分は 5 である。普段は妻が **D** さんの介護をしているが，妻が仕事をしている日中は重度訪問介護を利用している。ある日，**D** さんの妻が職場の旅行に行くことになり，短期入所サービスの利用を検討することになった。

短期入所サービスに関する次の記述のうち，**最も適切なもの**を **1 つ**選びなさい。

1　重度の障害のある **D** さんは利用できない。
2　妻の旅行を理由に利用することはできない。
3　入所中には機能訓練を受けられる。
4　障害者支援施設でサービスを受けられる。
5　日中サービスに位置づけられ，夜間は利用できない。

カコトレ

過去問チャレンジ！

Q：重度訪問介護に関する次の記述のうち，**適切なもの**を **1 つ**選びなさい。

1　外出時における移動中の介護も含まれる。
2　知的障害者は対象にならない。
3　利用者が医療機関に入院した場合，医療機関で支援することはできない。
4　訪問看護の利用者は対象にならない。
5　障害が視覚障害のみの場合でも利用できる。

A：2　重度の知的障害者であれば対象となる。（第 34 回 問題 13 より）

4-6 障害者総合支援制度（自立支援給付2）

重要度 ★★☆

障害者総合支援制度の自立支援給付を確認しよう。

▶解答・解説は 166 ～ 168 ページ

問題 16　自立生活援助に関する次の記述のうち，**適切なもの**を**1つ**選びなさい。

1　対象者には，病院に入院していた者は含まれない。
2　標準利用期間は更新できない。
3　自立生活援助事業所は，利用者との常時連絡体制を確保する必要がある。
4　障害者同士で結婚している場合は対象に含まれない。
5　地域定着支援との併給が認められる。

問題 17　**E** さん（18 歳，女性）は，知的障害のため特別支援学校高等部に通っており，卒業後に一般企業への就職を目指していたが，内定をもらうことができなかった。**E** さんは就職できなかったことに落ち込み，自宅に引きこもることが多くなった。仕事をしなければとの思いはあるが，現在の状態では一般企業で働くことは難しいと感じており，体調に応じて自分のペースで働くことができればと思っている。

次のうち，**E** さんに就労する機会を提供するサービスとして，**最も適切なもの**を**1つ**選びなさい。

1　自立訓練（生活訓練）
2　就労移行支援
3　就労継続支援 A 型
4　就労継続支援 B 型
5　就労定着支援

問題 18　**D** さん（40 歳，男性）は転落事故による脊髄損傷（spinal cord injury）のため肢体不自由があり，身体障害者手帳 3 級を所持している。「障害者総合支援法」に基づくサービスを利用するために認定調査を受けたところ，障害支援区分 3 と判定された。

D さんが利用できるサービスとして，**適切なもの**を **1 つ**選びなさい。

1　療養介護　　2　重度訪問介護　　3　居宅介護
4　同行援護　　5　行動援護

（注）「障害者総合支援法」とは，「障害者の日常生活及び社会生活を総合的に支援するための法律」のことである。

カコトレ　過去問チャレンジ！

Q：**E** さん（30 歳，女性，知的障害，障害支援区分 2）は，現在，日中は特例子会社で働き，共同生活援助（グループホーム）で生活している。今後，一人暮らしをしたいと思っているが，初めてなので不安もある。

次のうち，**E** さんが安心して一人暮らしをするために利用するサービスとして，**適切なもの**を **1 つ**選びなさい。

1　行動援護
2　同行援護
3　自立訓練（機能訓練）
4　自立生活援助
5　就労継続支援

A：4　E さんに適切なサービスは自立生活援助である。

（第 34 回 問題 12 より）

重要度 ★★☆

4-7 障害者総合支援制度（自立支援給付3）

自立支援給付のうち，補装具について確認しよう。

▶解答・解説は 169，170 ページ

問題 19 Dさん（45歳，男性）は脳性麻痺があり，座位姿勢が安定せず，長時間の座位保持が難しい。

Dさんが日中のパソコン作業の際，安定して座るために「障害者総合支援法」で座位保持装置を購入するときに利用できるものとして，**適切なもの**を**1つ**選びなさい。

1 介護給付費
2 補装具費
3 日常生活用具給付等事業
4 訓練等給付費
5 相談支援給付費

（注）「障害者総合支援法」とは，「障害者の日常生活及び社会生活を総合的に支援するための法律」のことである。

問題 20 「障害者総合支援法」における補装具として，**正しいもの**を**1つ**選びなさい。

1 補聴器
2 特殊寝台
3 入浴補助用具
4 点字器
5 ストーマ装具

問題 21　「障害者総合支援法」における補装具および日常生活用具に関する次の記述のうち，**正しいものを 1 つ**選びなさい。

1　義肢・装具は日常生活用具の対象である。

2　歩行器は日常生活用具の対象である。

3　補聴器は補装具の対象である。

4　ネブライザーは補装具の対象である。

5　ストーマ装具は補装具の対象である。

過去問チャレンジ！

Q：「障害者総合支援法」における補装具として，**正しいものを 1 つ**選びなさい。

1　車いす

2　手すり

3　スロープ

4　床ずれ防止用具

5　簡易浴槽

A：1　補装具に含まれるのは，車いすである。（第 30 回 問題 13 より）

4-8 障害者総合支援制度（地域生活支援事業）

重要度 ★☆☆

地域生活支援事業について確認しよう。

▶解答・解説は 171 ～ 173 ページ

問題 22 「障害者総合支援法」における地域生活支援事業に関する次の記述のうち，**適切なものを 1 つ**選びなさい。

1 地域生活支援事業には，必須事業と任意事業がある。
2 移動支援事業は，都道府県が行う。
3 理解促進研修・啓発事業は，都道府県が行う。
4 専門性の高い相談支援事業は，市町村が行う。
5 サービス・相談支援者，指導者育成事業は，市町村が行う。

（注）「障害者総合支援法」とは，「障害者の日常生活及び社会生活を総合的に支援するための法律」のことをいう。

問題 23 「障害者総合支援法」に基づく地域生活支援事業の必須事業の内容として，**適切なものを 1 つ**選びなさい。

1 移動支援事業
2 福祉ホームの運営
3 訪問入浴サービス
4 生活訓練等
5 日中一時支援

問題 24　都道府県が行う地域生活支援事業の必須事業の内容として，**適切なもの**を **1 つ**選びなさい。

1　音声機能障害者発声訓練事業

2　手話通訳者設置

3　点字・声の広報等発行

4　障害者 IT サポートセンター運営

5　専門性の高い相談支援事業

過去問チャレンジ！

Q：「障害者総合支援法」に基づく地域生活支援事業の内容として，**適切なもの**を **1 つ**選びなさい。

1　自己判断能力が制限されている人の行動を支援する。

2　常に介護が必要な人に，創作的活動の機会を提供する。

3　就労を希望する人に，必要な訓練を行う。

4　円滑に外出できるように，移動を支援する。

5　自立した日常生活ができるように，必要な訓練を行う。

A：4　地域生活支援事業における移動支援事業である。

（第 28 回 問題 95 より）

4-9 障害者総合支援制度の利用

重要度 ★★☆

障害福祉サービスの利用手続きを整理しよう。

▶解答・解説は 174 ～ 176 ページ

問題 25 次のうち，「障害者総合支援法」の介護等給付を利用するときに，利用者が最初に市町村に行う手続きとして，**適切なものを 1 つ**選びなさい。

1 支給申請
2 認定調査
3 サービス等利用計画案の作成
4 サービス担当者会議
5 サービス等利用計画の作成

（注）「障害者総合支援法」とは，「障害者の日常生活及び社会生活を総合的に支援するための法律」のことである。

問題 26 障害福祉サービスの利用申請に関する次の記述のうち，**適切なものを 1 つ**選びなさい。

1 介護給付の利用申請窓口は，市町村である。
2 訓練等給付の利用は，申請を必要としない。
3 補装具の利用申請窓口は，都道府県である。
4 育成医療の利用申請窓口は，都道府県である。
5 相談支援事業所は申請代行ができない。

問題 27　**D** さん（60 歳，女性）は，糖尿病性網膜症（diabetic retinopathy）により失明した。**D** さんは外出の際の支援を受けるため，「障害者総合支援法」の障害福祉サービス（同行援護）の利用を希望している。

D さんがサービスを利用するための最初の手続きとして，**最も適切なもの**を **1 つ**選びなさい。

1　地域包括支援センターに相談する。
2　同行援護アセスメント調査を受ける。
3　障害福祉サービス（同行援護）を提供している事業所と契約する。
4　居住する市町村の審査会に，障害福祉サービス（同行援護）の利用を申し出る。
5　居住する市町村の担当窓口に，障害福祉サービス（同行援護）の支給申請をする。

カコトレ　**過去問チャレンジ！**

Q：障害者が障害福祉サービスを利用するために相談支援専門員が作成する計画として，**正しいもの**を **1 つ**選びなさい。

1　地域福祉計画
2　個別支援計画
3　サービス等利用計画
4　障害福祉計画
5　介護サービス計画

A：3　障害福祉サービスの利用のために相談支援専門員が作成するのは，サービス等利用計画である。　（第 34 回 問題 95 より）

4-10 障害者総合支援制度（組織や団体の役割）

重要度 ★★☆

障害者総合支援制度における組織や団体の役割を確認しよう。

▶解答・解説は 177 ～ 179 ページ

問題 28 「障害者総合支援法」のサービスを利用するための障害支援区分を判定する組織として，**正しいものを 1 つ**選びなさい。

1 協議会
2 基幹相談支援センター
3 サービス担当者会議
4 市町村審査会
5 指定特定相談支援事業者

（注）「障害者総合支援法」とは，「障害者の日常生活及び社会生活を総合的に支援するための法律」のことである。

問題 29 地域の相談支援の中核的な役割を担い，身体障害・知的障害・精神障害の総合的な障害者相談支援事業や成年後見制度利用支援事業等を実施する機関として，**正しいものを 1 つ**選びなさい。

1 地域包括支援センター
2 居宅介護支援事業所
3 計画相談支援事業所
4 基幹相談支援センター
5 地域生活支援拠点等

問題 30 「障害者総合支援法」で定める協議会に関する次の記述のうち，**適切なもの**を **1 つ**選びなさい。

1　当事者は構成員にはなれない。

2　身体障害者手帳の判定機関である。

3　相談支援専門員を配置しなければならない。

4　国が設置する。

5　地域の実情に応じた支援体制の整備について協議する。

過去問チャレンジ！

Q：地域における障害者の自立支援のシステムに関する次の記述のうち，**正しいもの**を **1 つ**選びなさい。

1　地域活動支援センターは，障害者の医学的・心理的判定を行う。

2　基幹相談支援センターは，都道府県が設置する。

3　知的障害者相談員は，厚生労働大臣が委嘱する。

4　障害支援区分の審査・判定は，市町村審査会が行う。

5　利用者負担の額は，市町村障害福祉計画によって決められる。

A：4　市町村審査会は，障害支援区分の審査・判定を行う。

（第 25 回 問題 13 より改変）

4-11 障害者総合支援制度（専門職の役割）

重要度 ★☆☆

障害者を支える専門職の役割を確認しよう。

▶解答・解説は 180 ～ 182 ページ

問題 31 相談支援専門員の業務として，**適切なものを 1 つ**選びなさい。

1 障害支援区分の審査判定
2 個別支援計画の作成
3 同行援護
4 就労移行支援
5 地域相談支援

問題 32 障害者を支援する専門職の主な業務に関する次の記述のうち，**適切なものを 1 つ**選びなさい。

1 看護師は，救急救命処置を行う。
2 社会福祉士は，心身の状況に応じた介護を行う。
3 精神保健福祉士は，心理状態を観察し，その結果の分析を行う。
4 言語聴覚士は，言語訓練や嚥下訓練を行う。
5 義肢装具士は，生命維持管理装置の操作を行う。

問題 33　障害者を支援する専門職の役割に関する次の記述のうち，**適切なもの**を **1 つ**選びなさい。

1　相談支援専門員は，障害支援区分の認定を行う。

2　職場適応援助者（ジョブコーチ）は，障害者の職場に出向き，本人や関係者に対して助言や指導を行う。

3　生活支援員は，サービス等利用計画の作成を行う。

4　生活介護事業所のサービス管理責任者は，居宅介護計画の作成を行う。

5　居宅介護事業所のサービス提供責任者は，個別支援計画の作成を行う。

カコトレ **過去問チャレンジ！**

Q：相談支援専門員の業務として，**適切なもの**を **1 つ**選びなさい。

1　障害支援区分の審査判定を行う。

2　就労に必要な能力を高める訓練を行う。

3　サービス等利用計画を作成する。

4　個別支援計画を作成する。

5　外出時の移動介護を行う。

A：3　相談支援専門員は，サービス等利用計画を作成する。

（第 30 回 問題 95 より）

4-12 精神障害者の入院制度（精神保健福祉法）

重要度 ★★★

精神障害者の入院のしくみを確認しよう。

▶解答・解説は 183 ～ 185 ページ

問題 34 「精神保健福祉法」に規定された精神障害者の入院形態として，**正しいものを 1 つ**選びなさい。

1　任意入院とは，保護者の同意に基づいて行う入院である。

2　医療保護入院とは，精神保健指定医が入院の必要を認め，家族等の同意に基づいて行う入院である。

3　応急入院とは，急速を要し，通常の手続きをふむことができない場合に，精神保健指定医の診察を経て行う入院である。

4　措置入院とは，本人の同意に基づいて行う入院である。

5　緊急措置入院とは，急速を要し，家族等の同意を得ることができない場合に，精神保健指定医の診察を経て行う入院である。

（注）「精神保健福祉法」とは，「精神保健及び精神障害者福祉に関する法律」のことである。

問題 35　**C** さん（19 歳，男性）は，18 歳のときに統合失調症（schizophrenia）を発症した。大学進学後，人間関係がうまくいかず，自宅に引きこもりがちになった。最近，幻聴や妄想の症状が強く現れるようになり，心配した父親に付き添われて精神科病院を受診し，医療保護入院となった。

C さんの入院の制度に関する次の記述のうち，**適切なものを 1 つ**選びなさい。

1　**C** さんの同意による入院

2　精神保健指定医 2 名以上の診察により，入院させなければ自傷他害のおそれがあると一致した場合の入院

3　精神保健指定医 1 名が診察し，入院させなければ自傷他害のおそれがあると判断した場合，72 時間を限度とした入院

4　精神保健指定医 1 名が診察し，**C** さんの同意はないが，家族等の同意がある入院

5　精神保健指定医 1 名が診察し，**C** さんの同意がなく，さらに家族等の同意が得られないため 72 時間を限度とした入院

問題 36　**B** さん（21 歳，女性）は 19 歳のときに統合失調症（schizophrenia）を発症した。最近，自傷行為や両親への暴力がみられるようになった。精神保健指定医 2 名の診察の結果，入院の必要があると診断されたため，都道府県知事の措置として入院することになった。

B さんの入院形態として，**適切なもの**を **1 つ**選びなさい。

1　任意入院

2　医療保護入院

3　応急入院

4　措置入院

5　緊急措置入院

5-1 高齢者虐待防止法,障害者虐待防止法

重要度 ★★☆

高齢者や障害者への虐待防止法を確認しよう。

▶解答・解説は 186 ～ 188 ページ

問題 1 「高齢者虐待防止法」に関する次の記述のうち，**最も適切なものを 1 つ**選びなさい。

1　虐待の対象者は，介護保険制度の施設サービス利用者に限定される。

2　虐待が起こる場面として，家庭，施設，病院，商業施設の 4 つが規定されている。

3　ベッドから転落しないよう，ベッドに固定することは，身体拘束にはあたらない。

4　虐待を発見した養介護施設従事者には，通報する義務がある。

5　虐待の認定は，警察署長が行う。

(注) 「高齢者虐待防止法」とは，「高齢者虐待の防止，高齢者の養護者に対する支援等に関する法律」のことである。

問題 2 「高齢者虐待防止法」に関する次の記述のうち，**適切なものを 1 つ**選びなさい。

1　虐待の類型は，身体的虐待，心理的虐待，経済的虐待，ネグレクト，性的虐待の 5 つである。

2　養介護施設従事者が行う行為が対象であり，同居の家族は処罰の対象外である。

3　虐待を発見した場合は，施設長に通報しなければならない。

4　通報には，虐待の事実確認が必要である。

5　立ち入り検査時に養護者の協力が得られない場合，警察官立会いのもとドアを破ることができる。

問題３　「障害者虐待防止法」に関する次の記述のうち，**適切なもの**を**１つ**選びなさい。

1　障害者手帳を所持していない者は対象とならない。

2　「使用者による障害者虐待」における「使用者」に派遣会社は含まれない。

3　通報義務が生じるのは，虐待行為が明確に確認できた場合である。

4　虐待行為として定められているのは，身体的虐待，性的虐待，心理的虐待，ネグレクトの４つである。

5　虐待の通報を受けた市町村や都道府県の職員は，通報者を特定させる事項を漏らしてはならない。

（注）「障害者虐待防止法」とは，「障害者虐待の防止，障害者の養護者に対する支援等に関する法律」のことである。

カコトレ　過去問チャレンジ！

Q：「障害者虐待防止法」の心理的虐待に関する次の記述のうち，**適切なもの**を**１つ**選びなさい。

1　身体に外傷が生じるおそれのある暴行を加えること。

2　わいせつな行為をすること。

3　著しい暴言，または著しく拒絶的な対応を行うこと。

4　衰弱させるような著しい減食，または長時間の放置を行うこと。

5　財産を不当に処分すること。

A：3　選択肢１は身体的虐待，２は性的虐待，３が心理的虐待，４は放棄・放置（ネグレクト），５は経済的虐待のことである。

（第 33 回 問題 93 より）

5-2 個人情報保護法

個人情報保護法について確認しよう。

▶解答・解説は 189 ～ 191 ページ

問題 4　「個人情報保護法」に基づくプライバシー保護に関する次の記述のうち，**最も適切なもの**を**1 つ**選びなさい。

1　個人情報を扱う際のパスワードは紛失を避けるため複数人で共有しておく。

2　送迎バスに貼り出された「送迎順番表」は個人情報にはならない。

3　本人より，個人情報の開示を求められた際は必ず理由を確認する。

4　個人情報を第三者に提供するときは，原則として本人の同意が必要である。

5　自治会長は，本人の同意がなくても個人情報を入手できる。

(注)「個人情報保護法」とは，「個人情報の保護に関する法律」のことである。

問題 5　個人情報を使用するにあたり，本人や家族への説明と同意が不要となる場合として，**適切なもの**を**1 つ**選びなさい。

1　指定介護事業者が，サービス担当者会議に利用者の氏名，既往歴，服薬状況を提供する場合

2　意識消失した利用者の既往歴を救急隊員に提供する場合

3　実習生が，利用者の個人情報を閲覧する場合

4　行事で撮影した利用者の顔写真を施設のホームページに掲載する場合

5　転居先の施設の施設長に，利用者の個人情報を電話連絡する場合

問題 6　介護サービスにおける個人情報の保護に関する次の記述のうち，**正しいものを 1 つ**選びなさい。

1　個人情報には，映像や顔写真は含まれない。

2　人種や信条，病歴といった情報の取扱いには，特に配慮をしなければならない。

3　本人から個人情報の開示を求められたときは，いかなる場合も応じなければならない。

4　保険会社からの健康状態の問い合わせには，本人の同意を得ずに伝えることができる。

5　介護福祉士が職を辞した場合，個人情報を守秘する義務はなくなる。

カコトレ　過去問チャレンジ！

Q：「個人情報保護法」に基づくプライバシー保護に関する次の記述のうち，**最も適切なものを 1 つ**選びなさい。

1　電磁的記録は，個人情報には含まれない。

2　マイナンバーなどの個人識別符号は，個人情報ではない。

3　施設職員は，実習生に利用者の生活歴などを教えることは一切できない。

4　個人情報を第三者に提供するときは，原則として本人の同意が必要である。

5　自治会長は，本人の同意がなくても個人情報を入手できる。

A：4　個人情報保護法第 27 条に「個人情報取扱事業者は，次に掲げる場合を除くほか，あらかじめ本人の同意を得ないで，個人データを第三者に提供してはならない」と規定されている。

(第 35 回 問題 15 より)

5-3 成年後見制度

重要度 ★☆☆

成年後見制度について確認しよう。

▶解答・解説は 192 ～ 194 ページ

問題 7 Eさん（73 歳，女性）は軽度の認知症（dementia）があり，同居している長男の留守中に，訪問販売で必要のない高級布団を購入してしまった。困った長男は，高額の商品を購入する場合は長男の同意が必要となるように，家庭裁判所に審判の申立てを行った。その結果，本人が長男の同意なく 10 万円以上の商品を購入したときは，本人の同意をもとに，契約を取消すことができるようになった。

Eさんの支援を行う長男の役割として，**適切なものを1つ**選びなさい。

1　任意後見人　2　後見人　3　専門員　4　補助人
5　生活支援員

問題 8 「成年後見関係事件の概況（令和 4 年 1 月～ 12 月）」（最高裁判所事務総局家庭局）における成年後見人等として活動している人が最も多い職種として，**正しいものを1つ**選びなさい。

1　税理士　2　司法書士　3　行政書士
4　社会保険労務士　5　精神保健福祉士

問題 9 成年後見制度に関する次の記述のうち，**適切なものを1つ**選びなさい。

1　成年後見人は施設入所の契約のほか，身の回りの介護も担当する。

2　「2022（令和 4）年の全国統計」によれば，補助，保佐，後見のうち後見の申立てが最も多い。

3　「2022（令和 4）年の全国統計」によれば，親族後見人が約 8 割を占めている。

4　任意後見制度では，候補者の中から家庭裁判所が成年後見人を選任する。

5　成年後見制度利用支援事業では，成年後見人への報酬は支払えない。

（注）「2022（令和 4）年の全国統計」とは，「成年後見関係事件の概況（令和 4 年 1 月～ 12 月）」（最高裁判所事務総局家庭局）のことである。

カコトレ　過去問チャレンジ！

Q：成年後見制度における法定後見に関する次の記述のうち，**正しいものを 1 つ**選びなさい。

1　判断能力が低下する前に契約することができる。
2　申立て人は本人か四親等以内の親族でなければならない。
3　申立て先は本人の住所地の都道府県である。
4　後見人には法人が選ばれることもある。
5　後見人はその職務として本人の死亡後の葬儀を行わなければならない。

A：4　成年後見人等には，個人だけでなく，法人もなることができる。

（第 24 回 問題 78 より）

5-4 育児・介護休業法

重要度 ★☆☆

育児・介護休業法について確認しよう。

▶解答・解説は 195，196 ページ

問題 10 「育児・介護休業法」に関する次の記述のうち，**適切なもの**を**1つ**選びなさい。

1　孫は介護休業の対象家族である。

2　パート社員は育児休業を取得できない。

3　介護休業は対象家族１人に対し，連続して取得しなければならない。

4　育児休業は，介護休業の後に制度化された。

5　雇用主には育児休業中の給与支給が義務づけられている。

（注）「育児・介護休業法」とは，「育児休業，介護休業等育児又は家族介護を行う労働者の福祉に関する法律」のことである。

問題 11 「育児・介護休業法」に関する次の記述のうち，**正しいもの**を**1つ**選びなさい。

1　育児休業期間は，最長２歳まで延長できる。

2　妻が専業主婦の場合，夫は育児休業を取得できない。

3　子の看護休暇は，１日単位で事業所に申請しなければならない。

4　介護休業とは，要介護状態が１か月以上続いている対象家族を介護するための休業をいう。

5　介護休業は，対象家族１人につき１回限り取得することができる。

問題 12 Dさん（50歳，女性）は，1年前から週5日有期契約で雇用されている。離れて暮らす夫の父親と自分の母親が，同時に要介護状態となった。それぞれ3か月に1回，年8回通院に付添いが必要となり，職場に介護休暇の申し出を行った。

介護休暇の申し出に対する職場の対応として，**適切なものを1つ**選びなさい。

1 配偶者の親は対象とならない。

2 同居していない場合は対象とならない。

3 介護休暇の対象を夫の父親か自分の母親か，1人に選択する必要がある。

4 有期契約労働者は介護休暇を取得できない。

5 1年に10日まで取得できる。

カコトレ **過去問チャレンジ！**

Q：「育児・介護休業法」に基づく，休業や休暇などの取得に関する次の記述のうち，**適切なもの**を**1つ**選びなさい。

1 育児休業期間は，子が満3歳になるまでである。

2 子の小学校就学前までは短時間勤務制度を活用できる。

3 子が病気等をしたときは，3歳までに年10日間の看護休暇を取得できる。

4 要介護状態にある家族の通院の付添いをするときは，介護休暇を取得できる。

5 介護休業とは，2か月以上要介護状態が続いている家族を介護するためのものである。

A：4 介護休暇は，要介護状態の対象家族に必要な世話を行うための休暇である。 （第30回 問題25より）

重要度 ★☆☆

5-5 生活保護制度

生活保護制度について確認しよう。

▶解答・解説は 197 ～ 199 ページ

問題 13 生活保護制度に関する次の記述のうち，**最も適切なもの**を**1つ**選びなさい。

1 生活保護の申請は，本人以外認められていない。
2 生活保護法の根拠は，日本国憲法第 13 条の幸福追求権である。
3 生活保護を担当する職員は，介護福祉士の資格が必要である。
4 生活保護の費用は，国が公費から全額負担する。
5 生活保護の給付方法は，金銭給付と現物給付の 2 種類である。

問題 14 生活保護法における保護の原則に関する次の記述のうち，**正しいもの**を**1つ**選びなさい。

1 生活保護の申請者は，保護を必要とする本人以外は認められていない。
2 保護を必要とする者が急迫した状況であっても，保護を行うには申請が必要である。
3 保護は最低限度の生活の需要を満たし，かつ超えない範囲で行われる。
4 保護は一律の基準で行われる。
5 保護は原則として，世帯の中の個人を単位として行われる。

問題 15　生活保護における扶助の種類とその内容に関する次の記述のうち，**正しいもの**を**1つ**選びなさい。

1　教育扶助は，高等学校や大学，専門学校の入学金についての給付である。

2　介護扶助には，介護施設を利用する際に必要な食費も含まれる。

3　病院を受診した際に使用したバスの運賃は生活扶助に含まれる。

4　生活扶助は，妊婦など特別な配慮が必要な家族がいる場合は加算される。

5　出産扶助の原則は，現物給付だが難しいときは金銭給付となる。

カコトレ　過去問チャレンジ！

Q：生活保護法における補足性の原理の説明として，**適切なもの**を**1つ**選びなさい。

1　国の責任において保護を行う。

2　全ての国民に無差別平等な保護を行う。

3　健康で文化的な生活を維持できる保護を行う。

4　資産・能力等を活用した上で保護を行う。

5　個人または世帯の必要に応じて保護を行う。

A：4　選択肢 1 は国家責任の原理，2 は無差別平等の原理，3 は最低生活保障の原理，5 は世帯単位の原則のことである。

(第 32 回 問題 16 より)

5-6 保健医療に関する制度

重要度 ★☆☆

保健医療に関する制度について確認しよう。

▶解答・解説は 200，201 ページ

問題 16　保健所に関する次の記述のうち，**正しいものを１つ**選びなさい。

1　民間の医療法人が運営している。

2　保健所の所長は，保健師でなければならない。

3　保健所の業務は，法律で定められた感染症の予防や対策も含む。

4　保健所の設置は，介護保険法によって定められている。

5　全ての市町村に設置が義務づけられている。

問題 17　日本の公的医療保険制度に関する次の記述のうち，**正しいものを１つ**選びなさい。

1　国民健康保険の保険者は，広域連合である。

2　インフルエンザ（influenza）の予防接種は，医療保険の給付対象である。

3　後期高齢者医療制度の財源は，公費と保険料である。

4　健康保険は地域保険である。

5　国民健康保険の一部負担金は，原則として３割である。

問題 18　特定健康診査に関する次の記述のうち，**正しいものを 1 つ**選びなさい。

1　生活習慣病（Life-style related disease）の予防を目的とする。

2　労働安全衛生法によって定められている。

3　40 歳以上 65 歳未満の人を対象とする。

4　特に有害であるといわれる業務に従事する労働者等を対象に実施する。

5　事業者による健康診断を受診した人でも，別途受診しなければならない。

カコトレ　**過去問チャレンジ！**

Q：特定健康診査に関する次の記述のうち，**適切なものを 1 つ**選びなさい。

1　胸囲の検査が含まれる。

2　生活習慣病（life-style related disease）の検査が含まれる。

3　がん検診が含まれる。

4　受診の後で，希望者には特定保健指導が行われる。

5　対象は 75 歳以上の者である。

A：2　特定健康診査には生活習慣病の検査が含まれる。

（第 30 回 問題 14 より）

5-7 社会福祉士及び介護福祉士法

重要度 ★☆☆

社会福祉士及び介護福祉士法を確認しよう。

▶解答・解説は 202，203 ページ

問題 19 社会福祉士及び介護福祉士法に規定されている介護福祉士の責務として，**最も適切なもの**を **1 つ**選びなさい。

1 介護サービスを提供する際は，必ず介護福祉士であることを名乗る。

2 介護サービスを提供する際は，正当な事由なしに拒否することはできない。

3 介護サービスを提供する際は，必ず行為の根拠を示す。

4 利用者に生活習慣の改善や生活環境の改善を指導する。

5 介護サービスを提供する際は，常に利用者の立場に立って誠実にその業務を行う。

問題 20 社会福祉士及び介護福祉士法における介護福祉士の義務として，**適切なもの**を **1 つ**選びなさい。

1 専門職として自律的に介護過程の展開ができる

2 介護職の中で中核的な役割を担う

3 家族介護者の介護離職の防止

4 福祉サービス関係者等との連携

5 尊厳と自立を支えるケアの実践

問題 21　社会福祉士及び介護福祉士法に関する次の記述のうち，**適切なものを 1 つ**選びなさい。

1　介護福祉士国家試験に合格した日から，介護福祉士を名乗ることができる。

2　3 年間介護業務を行った者は，希望すれば介護福祉士を名乗ることができる。

3　傷害事件を起こし禁錮以上の刑に処され資格をはく奪されても，1 年後に再び介護福祉士登録ができる。

4　介護福祉士の業として，介護者に対する介護に関する指導が含まれる。

5　介護福祉士が信用失墜行為をした場合，1 年以下の懲役または 30 万円以下の罰金に処せられる。

カコトレ　**過去問チャレンジ！**

Q：介護福祉士に関する次の記述のうち，**最も適切なもの**を **1 つ**選びなさい。

1　介護福祉士の資格は，業務独占の資格である。

2　介護福祉士の資格は，更新制である。

3　介護福祉士になるには，都道府県知事に申請し登録しなければならない。

4　介護福祉士は，介護等に関する知識や技術の向上に努めなければならない。

5　刑事罰に処せられた者は，どのような場合も介護福祉士になれない。

A：4　資質向上の責務である。　(第 27 回 問題 19 より)

解答編の使い方

5-4 育児・介護休業法

解説動画

このテーマのミニ講義動画をご覧いただけます。もしQRコードからアクセスできない場合は，下記のURLから動画を視聴できます。
https://www.m3e.jp/fukushi/kgkktr_bks 5383_douga

5 介護実践に関連する諸制度

問題10　解答：1

○1 育児・介護休業法における介護休業の対象家族には孫も含まれる。

介護休業の対象家族は，**事実婚を含む**配偶者，父母，子，配偶者の父母，祖父母，兄弟姉妹**および孫**。

×2 育児・介護休業法では，パート，派遣社員，契約社員など雇用期間に期限がある労働者も，一定の要件を満たせば育児休業や介護休業を取得できるとしている。

×3 介護休業は，対象家族1人につき3回まで（通算93日）を分割して取得できると定めている。

×4 育児・介護休業法の前身は1992（平成4）年の育児休業法（育児休業等に関する法律）。その後，介護休業が制度化され1995（平成7）年に育児・介護休業法へと改正された。

×5 育児休業中は雇用保険法に基づいて育児休業給付金が支給される（条件あり）。育児・介護休業法は雇用主に対して，育児休業中の給与支給を義務づけていない。

大事なワードは赤色になっています。赤い下じきでかくして勉強するのもGoodです。

問題11　解答：1

○1 育児休業期間は，2017（平成29）年10月から，1歳6か月に達した時点で保育所に入れない等の場合，最長2歳まで延長できるようになった。

育休は最大2年間。分割取得もできる。

×2 配偶者が専業主婦（夫）でも，育児休業の取得が可能である。

×3 子の看護休暇は，未就学の子を養育する労働者に対し，1年に5日（未就学の子が2人以上の場合は10日）を限度として，1時間単位で取得することができる。

×4 介護休業とは，2週間以上にわたり常時介護を必要とする状態にある対象家族を介護するための休業である。

×5 介護休業は，対象者1人に対して通算93日間取得できる。2017（平成29）年の改正で3回まで分割して取得できるようになった。

問題12　解答：5

×1 配偶者の父親も介護休暇の対象となる。

×2 同居・別居を問わず対象となる。

×3 介護休暇は，対象家族が2人以上の場合も認められる。

×4 労使協定で介護休暇の対象外にできるのは，勤続6か月未満，週の所定労働日数が2日以下の労働者である。Dさんは雇用期間が6か月以上，週2日以上働いているため介護休暇取得の要件を満たす。

○5 対象家族が2人の場合は1年に10日まで認められる。

介護休暇は対象家族1人につき5日。2人以上の場合は何人でも10日。1時間単位で取得できる。

特に大事なポイントを追加で解説しています。

ココトレ 育児・介護休業制度

育児休業制度	育児休業制度	子が1歳（一定の場合は，最長で2歳）に達するまで（父母ともに育児休業を取得する場合（パパ・ママ育休プラス）は，子が1歳2か月に達するまでの間の1年間），申し出により取得できる。
	出生時育児休業（産後パパ育休）	子の出生後8週間以内に4週間まで，2回に分割して取得できる。
	子の看護休暇	小学校就学前までの子が1人であれば年5日，2人以上であれば年10日を限度として取得できる。
介護休業制度	介護休業制度	要介護状態にある対象家族の介護や世話をするため，対象家族1人につき93日まで（3回を上限として分割可能）取得できる。
	介護のための短期休暇制度（介護休暇）	要介護状態にある対象家族の介護や世話をするため，対象家族1人につき5日，2人以上の場合は10日まで取得できる。

196

このテーマで絶対におさえておきたい内容を図表で簡潔にまとめています。すきま時間にながめたり，試験前に見直すのも効果的です。

解答編(へん)

問題編(へん)は１ページから

何度もくり返しトレーニングして，出題ポイントをおさえよう！
ミニ講義(こうぎ)動画やココトレポイントもチェックしてね！

1-1 雇用の状況

解説動画

問題1　解答：5

× 1 新型コロナウイルス感染症の拡大により経済活動が抑制され，飲食店のアルバイトなどをはじめ，雇用・労働に大きな影響があった。

× 2 非正規雇用は女性の割合が高い。

× 3 子育て世帯の女性は，パートやアルバイトなど非正規雇用の場合が多い。

× 4 働き方改革などの影響で，近年は正規雇用が増えつつあった。新型コロナウイルス感染症の影響で，医療や介護現場などで女性の正規雇用が大幅に増えた。

働き方改革の柱は「処遇改善」「柔軟な働き方」「女性・高齢者・若者・外国人の活躍」の３つ！

○ 5 正規雇用とは，①フルタイム勤務，②雇用期間に定めがない，③直接雇用，の働き方を指す。職場においては「正社員」や「正職員」と呼ばれる。嘱託社員は一般的に雇用期間に定めがあるため，非正規雇用となる。

問題2　解答：4

× 1 労働力人口には，専業主婦や定年退職者は含まれない。学生でもアルバイトをしていると労働力人口に含まれる。

× 2 完全失業者とは，所得がなく，働く意思があり，就職活動をしているのに仕事がない者を指す。

失業率（完全失業率）とは，労働力人口（就業者と完全失業者の合計）のうち完全失業者が占める割合のこと。

× 3 年齢階級別にみた雇用者（役員を除く）のうち非正規の職員・従業員が占める割合が最も多いのは，定年退職後に非正規で働き続ける65歳以上である。

○ 4 1986（昭和 61）年から社会情勢にあわせ複数回の改正を重ねている。2020（令和 2）年の改正では，正社員と派遣社員との間の格差を解消するため，「同一労働同一賃金」の徹底が求められている。

× 5 男性一般労働者の給与を 100 としたとき，2021（令和 3）年度の女性の給与は 75.2 である。1989（平成元）年では 60.2 であったため，男女差は縮小傾向にある。しかし世界各国と比較すると，まだその差は大きい。

問題 3　解答：3

× 1「働き方改革」では，企業も労働者も安心して副業・兼業ができるよう，ルールを明確化している。

働き方改革一括法（働き方改革を推進するための関係法律の整備に関する法律）は 2018（平成 30）年に成立。

× 2 時間外労働の上限は，原則月 45 時間，年 360 時間と定められている。特別な事情がある場合は条件付きで年 720 時間まで認められる。

○ 3「働き方改革」では，日本政府主導のもと，労働者の個々の事情に応じ，多様な働き方を選択し活躍できる「一億総活躍社会」を目指している。

× 4「働き方改革」では，子育てや介護をしながら働き続けられるよう，仕事と家庭を両立しやすい職場環境づくりを通じて，ワーク・ライフ・バランスが取れた働き方ができる社会の実現に向けて取り組んでいる。休業を選ぶかどうかは個人の判断による。

× 5 大企業だけでなく，特に中小企業・小規模事業者が抱える課題へのワンストップ相談窓口として「働き方改革推進支援センター」が 47 都道府県に開設されている。

ココトレ 働き方改革の柱

働き方改革には多くの課題がある。全体を理解しよう！

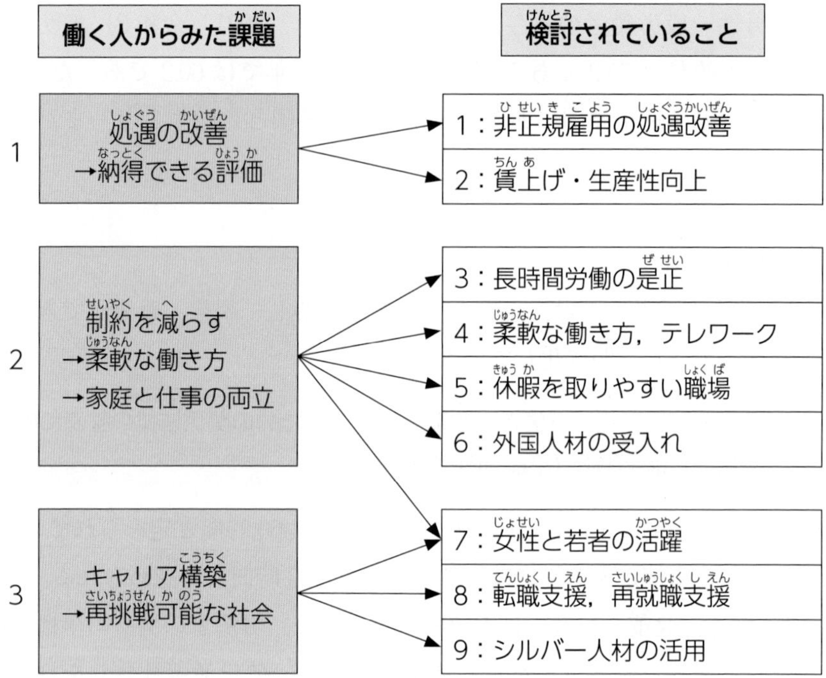

働く人からみた課題	検討されていること

1 処遇の改善
→納得できる評価

- 1：非正規雇用の処遇改善
- 2：賃上げ・生産性向上

2 制約を減らす
→柔軟な働き方
→家庭と仕事の両立

- 3：長時間労働の是正
- 4：柔軟な働き方，テレワーク
- 5：休暇を取りやすい職場
- 6：外国人材の受入れ
- 7：女性と若者の活躍

3 キャリア構築
→再挑戦可能な社会

- 7：女性と若者の活躍
- 8：転職支援，再就職支援
- 9：シルバー人材の活用

1-2 世帯の状況

解説
動画

問題 4　解答：2

×1　全国の世帯総数は 5,431 万世帯であり，8 千万世帯を超えていない。

近年の日本の傾向は，人口は減少。世帯数は増加。平均世帯人員は減少。

○2　2022（令和 4）年の平均世帯人員は 2.25 人で，3 人を超えていない。

×3　母子世帯数は 56 万 5 千世帯，父子世帯数は 7 万 5 千世帯で，父子世帯のほうが少ない。

×4　65 歳以上の者のいる世帯は 2,474 万 4 千世帯（全世帯の 50.6％）。その中でも，65 歳以上の者のみの世帯数は 1,691 万 5 千世帯である。混乱しないようにしたい。

×5　65 歳以上の者のいる世帯構造では，「夫婦のみの世帯（夫婦の両方または一方が 65 歳以上）」が 882 万 1 千世帯（65 歳以上の者のいる世帯の 32.1％）で最も多く，次いで「単独世帯」が 873 万世帯（同 31.8％），「親と未婚の子のみの世帯」が 551 万 4 千世帯（同 20.1％）である。

※データの出典はすべて「2022（令和 4）年 国民生活基礎調査」（厚生労働省）による。

問題 5　解答：2

×1，○2，×3，×4，×5

「2022（令和 4）年 国民生活基礎調査」（厚生労働省）によると，65 歳以上の者のいる世帯のうち，「夫婦のみの世帯」（32.1％）が最も多い。次いで「単独世帯」（31.8％），「親と未婚の子のみの世帯」（20.1％）となっている。65 歳以上の者のいる世帯は全世帯の 50.6%，その中で 65 歳以上の者のみの世帯（夫婦ともに 65 歳以上）は 61.6％と半数を超えている。

65 歳以上の者のいる世帯は，65 歳以上の者のみの世帯（夫婦ともに 65 歳以上）が最多。

問題 6　解答：5

×1　世帯構造は，2019（令和元）年の調査で「夫婦と未婚の子のみの世帯」を抜き「単独世帯」が最も多くなった。2022（令和 4）年の調査では「単独世帯」（32.9％）「夫婦と未婚の子のみの世帯」（25.8％）「夫婦のみの世帯」（24.5％）の順になっている。

×2「母子世帯」は全世帯の 1.0%，「父子世帯」は 0.1% となっている。

×3「高齢者世帯」は全世帯の 31.2%となっている。

×4　65 歳以上の「単独世帯」における年齢構成で最も多いのは，男性は 70 ～ 74 歳（28.7%），女性は 85 歳以上（24.1%）である。

女性のほうが長生き。「単独世帯」のボリュームゾーンは，毎年年齢が上がっていくので注意。

○5　65 歳以上の「単独世帯」の性別構成は，男性 35.9％，女性 64.1％となっており，女性のほうが多い。

※データの出典はすべて「2022（令和 4）年 国民生活基礎調査」（厚生労働省）による。

ココトレ 日本の世帯数

世帯数に関する問題は，問われる内容によって世帯構造の順位が変動する。何を問われているか注意しよう！

問われる内容 ※は，近年の傾向	1位	2位	3位
1：世帯構造及び世帯類型の状況 ※世帯数が増加し世帯人員は減少傾向	「単独世帯」（32.9%）	「夫婦と未婚の子のみの世帯」（25.8%）	「夫婦のみの世帯」（24.5%）
2：65歳以上の者のいる世帯の状況 ※三世代同居は減少し，単独は増加傾向	「夫婦のみの世帯」（32.1%）	「単独世帯」（31.8%）	「親と未婚の子のみの世帯」（20.1%）
3：65歳以上の者の状況 ※夫婦・単独は増加，同居は減少傾向	「夫婦のみの世帯」（40.7%）	「子と同居」（33.7%）	「単独世帯」（21.7%）
4：児童のいる世帯の状況 ※三世代同居は減少し核家族化が進む	「夫婦と未婚の子のみの世帯」（78.1%）	「三世代世帯」（11.1%）	「ひとり親と未婚の子のみの世帯」（6.3%）

出典：「2022（令和4）年 国民生活基礎調査」（厚生労働省）

1-3 家族の状況，家族の機能

問題 7　解答：2

× 1「国民生活基礎調査」（厚生労働省）によると，1992（平成 4）年に 1 世帯当たりの人数は 3 人を割りこみ，以降も減少傾向である。

○ 2「2022（令和 4）年 国民生活基礎調査」（厚生労働省）によると，男性は「子夫婦と同居」の割合が高くなり，女性は「単独世帯」と「子夫婦と同居」の割合が高くなっている。

男性は年齢が高くなるにしたがい「子夫婦と同居」の割合が高くなる。

× 3 2020（令和 2）年「国勢調査」（総務省）に基づく国立社会保障・人口問題研究所の発表によると，50 歳時の未婚割合は，男性 28.25％，女性 17.81％で，男性のほうが高い。なお，どちらも過去最高を記録した。

× 4「国民生活基礎調査」（厚生労働省）によると，2001（平成 13）年の時点で，65 歳以上の者のいる世帯は「三世代世帯」を抜いて「夫婦のみの世帯」が最も多くなった。

× 5 2021（令和 3）年の「人口動態統計」（厚生労働省）によると，2002（平成 14）年をピークに離婚率は減少傾向である。

問題 8　解答：1

○ 1 個人の生存にかかわる食欲・性欲の充足や安全を求める機能を生命維持機能という。

× 2 子育てにより子どもを社会化する機能をパーソナリティの形成機能という。

× 3 家族だけが共有するくつろぎの機能をパーソナリティの安定化機能という。

× 4 衣食住などの生活水準を維持しようとする機能を生活維持機能という。

× 5 介護が必要な構成員を家族で支える機能をケア機能という。

くつろぎ＝安定，生活水準の維持＝生活維持，介護＝ケアということをしっかり覚えよう。

問題 9　解答：1

○ 1　設問のとおり，血族とは血のつながった家族。姻族とは配偶者の血族のことである。

× 2　養子縁組をすると，実際の血はつながっていなくても法定血族という血族になる。

配偶者の連れ子は養子縁組をすると「法定血族」という血族になる。しない場合は 1 親等の姻族になる。

× 3　世帯とは，住居および生計を共にする者の集まり，または独立して住居を維持し，もしくは独立して生計を営む単身者をいう。

× 4　定位家族とは，自分が子どもとして生まれ育った家族のこと。子ども視点の家族で，生育家族ともいう。

× 5　生殖家族とは，結婚した夫婦を基本とした自分がつくる家族のこと。親側からの視点で，創設家族ともいう。

ココトレ 家族関連の用語まとめ

●法律上の用語

血　族	血縁関係にあるもの。生物学上の血縁（自然血族）と養子縁組による法律上の血縁（法定血族）がある
姻　族	配偶者の血族，血族の配偶者，養子縁組をしていない再婚相手の連れ子
親　族	6親等内の血族，配偶者，3親等内の姻族（民法 第725条）

●家族の形態

核家族	夫婦，夫婦と未婚の子またはひとり親と未婚の子からなる家族
拡大家族	三世代同居など，複数の核家族が同居する家族
直系家族（拡大家族の1つ）	親が跡取りの子ども夫婦（1組）と同居する家族形態
複合家族（拡大家族の1つ）	親と複数の既婚の子が同居する家族形態

●家族の機能

生命維持機能	食欲，性欲，安全や保護などを求め，満たすための機能
生活維持機能	衣食住など一定の生活水準の生活を求め，満たすための機能
パーソナリティの安定化機能	家庭を通して気持ちの安らぎや精神の安定を得る機能
パーソナリティの形成機能	子どもが生活していくのに必要なことを学ぶ場としての機能
ケア機能	介護や手助けが必要な家族をほかの家族・構成員が支える機能

1-4 地域福祉の発展

解説動画 

問題 10　解答：2

× 1 特定非営利活動促進法（NPO 法）は，1995（平成 7）年の阪神・淡路大震災後，ボランティア活動を支援する制度として 1998（平成 10）年に制定された。特定非営利活動を行う団体に法人格を付与して活動しやすくすることを目的とした法律だが，福祉関連のボランティア団体に法人格の取得を義務づけてはいない。

阪神・淡路大震災のあった 1995（平成 7）年が「ボランティア元年」。1998（平成 10）年 NPO 法が成立した。

○ 2 特定非営利活動法人は，活動に支障がない限り，その他の事業を行うことができる。旅館業などの収益事業も運営できるが，事業収益は課税対象となり，利益は特定非営利活動に充てる必要がある。

× 3 特定非営利活動促進法では，半数ではなく「3 分の 1 以下であること」と規定されている。

× 4 特定非営利活動法人の設立要件として，「宗教の教義を広め，儀式行事を行い，及び信者を教化育成することを主たる目的とするものでないこと」と規定されている。

× 5 選挙に立候補することについて特に制限はないが，当選後に地方自治法や大臣規範等との関係で NPO 法人の役員を辞職しなければならない場合がある。

問題 11　解答：5

× 1 NPO 法人は収益事業を行うことができるが，その利益は再び社会貢献活動に使わなければならない。

「NPO 法人も収益事業を行うことができる」「利益は再び社会貢献活動に使う」は最頻出！

× 2 市町村社会福祉協議会は，社会福祉事業の企画および実施，社会福祉活動への住民の参加のための援助などの事業を行う民間団体である。生活保護の事務を運営している機関は福祉事務所である。

× 3 社会福祉協議会は，地域住民と協力して地域福祉を推進する民間の組織である。行政機関ではないが営利目的ではなく，地域住民全体に役立つことを目的としている。

× 4 ボランティアセンターは，全国社会福祉協議会，都道府県・指定都市社会福祉協議会，市区町村社会福祉協議会などに設置することができる。

○ 5 生活困窮者自立支援制度とは，福祉事務所設置自治体が実施主体となって，自立相談支援事業，住居確保給付金の支給など生活困窮者の自立促進に関して包括的な事業を実施するものである。

問題 12　解答：3

× 1 公共職業安定所（ハローワーク）では，職業紹介，雇用保険，雇用対策を行っている。就職困難者や人手不足の中小零細企業などへの支援を無償で行うセーフティネットの中心的役割を担う機関であり，ボランティアの窓口ではない。

× 2 福祉事務所は，都道府県および市（特別区を含む）が設置する公的機関であり，福祉六法（生活保護法，児童福祉法，母子及び父子並びに寡婦福祉法，老人福祉法，身体障害者福祉法及び知的障害者福祉法）に関する事務を行う。ボランティア活動の相談窓口ではない。

○ 3 社会福祉協議会は，地域福祉の推進を図ることを目的とする民間団体である。福祉サービスの利用者や社会福祉関係者への業務支援を行っており，ボランティアセンターの設置も業務の１つ。ボランティア活動の相談や活動先の紹介などを行う窓口があり，**B** さんへの支援が可能である。

社会福祉協議会（社協）は，地域福祉の推進を図ることを目的とする民間団体。

× 4 介護老人福祉施設でもボランティアの受付をしている可能性はある

が，英語を活かした多様なボランティアを探すためには，社会福祉協議会に相談するほうがより確実で適切である。

× 5 地域包括支援センターの主な業務は介護予防支援および包括的支援事業（総合相談支援業務，権利擁護業務，介護予防ケアマネジメント，包括的・継続的ケアマネジメント）であるが，ボランティアの紹介や仲介の窓口ではない。

ココトレ 地域包括支援センターと社会福祉協議会の違い

間違えやすい２つの団体の違いをチェックしよう！

名　称	地域包括支援センター	社会福祉協議会
対象者	地域の高齢者	地域の住民
根拠法	介護保険法	社会福祉法
目　的	地域住民の心身の健康の保持および生活の安定のために必要な援助を行うことにより，その保健医療の向上および福祉の増進を包括的に支援することを目的とする。	民間の社会福祉活動を推進することを目的とした，営利を目的としない民間組織。

1-5 地域共生社会

解説動画

問題 13　解答：4

× 1　健康で文化的な最低限度の生活は，日本国憲法第 25 条第 1 項「生存権の保障」の文言。

× 2　国民皆保険は，1961（昭和 36）年の「国民健康保険法」改正で実現した。現在の国民皆年金のしくみは，同年の「国民年金法」改正によって実現した。

× 3　日本型福祉社会は，1979（昭和 54）年 8 月に閣議決定された「新経済社会七カ年計画」の中で示された考え方。「個人の自助努力と家庭や近隣・地域社会等の連帯を基礎としつつ，効率のよい政府が適正な公的福祉を重点的に保障するという自由経済社会のもつ創造的活力を原動力とした我が国独自の道を選択創出する，いわば日本型ともいうべき新しい福祉社会の実現を目指すものでなければならない」とした。

○ 4　公的支援の『縦割り』から『丸ごと』への転換は，「『地域共生社会』の実現に向けて（当面の改革工程）」で示された，地域共生社会実現のための取組の 1 つである。ほかに「『我が事』・『丸ごと』の地域づくり」なども掲げられている。

『地域共生社会』のキーワードは「公的支援の『縦割り』から『丸ごと』への転換」，「『我が事』・『丸ごと』の地域づくりを育む仕組みへの転換」

× 5　社会保障と税の一体改革は，2012（平成 24）年に制定された「社会保障制度改革推進法」の内容。

問題 14　解答：2

× 1　「地域共生社会」は，地域住民が地域の資源を活かし，暮らしと地域社会に豊かさを生み出すことを目標としているため，「全国一律」は適切ではない。

○ 2　すべての住民が支え合い，自分らしく活躍できる地域コミュニティの創出は，「地域共生社会」の目標として適切である。

× 3 働き方改革の検討課題である。

× 4 高齢者だけではなく相談者の属性，世代，相談内容に関係なく相談支援体制を強化する必要がある。

「地域共生社会」では，高齢者だけでなく，生きづらさを感じている人全員に対して，その人をワンストップで丸ごとサポートする支援体制をつくろうとしている。

× 5「地域共生社会」の目標として，「専門職が主体」は適切ではない。

問題 15　解答：3

× 1 既存の制度が縦割り・分野別であるため，想定していなかった解決困難な課題が問題となっている。地域共生社会は，高齢・障害・子育てなどについて，現行の縦割り施策を包括的な形（丸ごと）での支援体制へ移行し，既存の制度では解決困難な課題の解決を目指している。

× 2 地域課題の解決へ向けて，支援関係機関の専門職も地域住民と協働するが，主体となるのは地域住民である。

○ 3 市町村の努力義務とされる包括的支援体制整備には，「地域住民等が自ら暮らす地域の課題を共有し，解決に向けて協働できるような地域づくりの取組」と規定されている。

地域共生社会の主体は地域住民。
専門職による伴走型の支援が必要。

× 4 住民個別の課題解決も重要だが，地域共生社会では，まず地域内で共通の生活課題の解決を目指している。

× 5 地域経済の活性化はとても重要だが，地域共生社会が目指すところは民間「企業」主導ではない。国・地方公共団体や民間企業などの枠を超え，人々の暮らしと地域社会の双方を支える経済の姿を目指している（例：地域資源を活用して，ハンディキャップのある人々が社会参加する・就労支援を受ける・コミュニティが再生するなど）。

ココトレ 地域共生社会の考え方

地域共生社会の核となる「包括的支援体制の構築に向けた基本的な考え方」を見てみよう！

①相談支援	属性にかかわらず，地域の様々な相談を受け止め，自ら対応またはつなぐ機能	つなぐ
	多機関協働の中核の機能	
②参加支援	社会とのつながりや参加を支援する機能	つながりを維持する
③地域づくりに向けた支援	場の機能	お互いに支え合い続ける
	地域づくりをコーディネートする機能	

出典：地域共生社会推進検討会資料（厚生労働省）

1-6 地域包括ケアシステム

解説動画 

問題 16　解答：5

× 1，× 2，× 3，× 4，○ 5

地域包括ケアシステムとは，介護が必要な状態となっても，住み慣れた地域で自分らしい生活を続けることができるよう，地域内で助け合う体制のことをいう。自分のことを自分でする・自分で健康を維持する・市場サービスの購入で自分を支える自助，近隣住民やボランティアによって相互に扶助する互助，介護保険などの社会保障制度を用いて支え合う共助，一般財源によって行われる高齢者福祉事業や生活保護などの公助の「4つの助」が連携することにより地域包括ケアシステムは達成される。選択肢1は自助，2は共助，3と4は公助，5が互助の説明である。

互助の条件はインフォーマルであること。制度（システム）化されたら共助になる。

問題 17　解答：5

× 1　自助とは，自ら働いて自身で生活を支え，健康を維持することをいう。選択肢1は互助のこと。

× 2　互助とは，家族や近隣の助け合い，ボランティア活動によるインフォーマルな相互扶助をいう。選択肢2は共助のこと。

× 3　共助とは，社会保険のような制度化されたフォーマルな相互扶助をいう。選択肢3は自助のこと。

× 4　社会保険などの社会保障制度は，共助である。

○ 5　行政が一般財源によって実施する生活保護などの公的扶助を公助という。自助・互助・共助では対応できない，生活困窮等に対応する社会福祉のことである。

国や自治体が税金を原資に責任をもって行う援助やサポートが「公助」。保険給付のために徴収される保険料と行政サービスの財源として徴収される税金は違うので注意。

問題18　解答：2

×1　地域包括ケアシステムの構築において公助の拡充を目指してはいない。公助の拡充には，非常に大きな財源が必要となるため難しい。報告書では自助，互助，共助，公助をいかに活用していくかについて述べられている。

○2　日本の少子高齢化の進行とそれに伴う財政状況から，共助と公助の拡充は難しいと考え，自助と互助の役割が大きくなると指摘している。

×3　市場におけるケアなどのサービスの購入は，共助ではなく自助である。

×4　介護保険などの社会保険制度およびサービスは，共助である。

×5　時代や地域によって，自助，互助，共助，公助の概念には違いがある。極端な例だが，無人島には自助しか存在しない。

ココトレ　地域包括ケアシステムの「4つの助」

国試によく出る内容。しっかりと覚えよう！

自助	互助
自分自身のケア 生きがいづくり，健康管理，市場サービスの購入など	みんなの支え合い 近所づき合い，町内会，自治会，ボランティア活動など
共助	**公助**
介護保険や医療保険などのサービス デイサービス，訪問介護など社会保険制度の活用など	行政による支援 高齢者福祉，障害者福祉，生活保護などの行政による支援など

2-1 日本の社会保障制度の発達

解説動画

問題1　解答：4

×1　日本国憲法第13条の「生命，自由及び幸福追求に対する国民の権利」が幸福追求権である。

×2　新しい人権とは，プライバシーの権利，環境権などの権利のこと。各条文に明確に書いてはいないが，日本国憲法第13条の幸福追求権に根拠があるとされている。

×3　日本国憲法第19条「思想及び良心の自由は，これを侵してはならない」が思想の自由である。

○4　日本国憲法の第25条第1項「健康で文化的な最低限度の生活を営む権利」が生存権である。

> **生活保護法の根拠は，日本国憲法第25条の生存権である。**

×5　財産権については，日本国憲法の第29条で，「財産権は，これを侵してはならない」と定められている。

問題2　解答：5

×1，×2，×3，×4，○5

社会保障制度審議会による「社会保障制度に関する勧告（50年勧告）」は，日本国憲法第25条の生存権をもとに，日本で初めて社会保障制度を定義した。選択肢5は，思想の自由を定めた日本国憲法第19条の条文である。

> **「社会保障」という言葉は，1946（昭和21）年11月に公布された日本国憲法第25条で一般化した。日本の社会保障制度の方針を決定したのが，1950年の「社会保障制度に関する勧告（50年勧告）」。**

問題3　解答：4

×1，×2，×3，○4，×5

福祉六法とは，昭和20年代に成立した福祉三法と呼ばれる生活保護法，児童福祉法，身体障害者福祉法の3つの法律に，昭和30年代に成立した精神薄弱者福祉法（現：知的障害者福祉法），老人福祉法，母子福祉法（現：母子及び父子並びに寡婦福祉法）の3つの法律を加えたものである。

> 1946（昭和21）年に制定された旧生活保護法は，素行が不良な人を保護しないなど，セーフティネットとして不完全だった。そのため1950（昭和25）年に大幅改正され，現行の法律となった。

ココトレ 福祉八法

福祉八法には新旧がある。単純に追加されたわけではないので注意しよう！

旧　福祉八法	現　福祉八法	ポイント
	生活保護法（1950）三法	旧生活保護法（1946）を大改正。
児童福祉法（1947）	児童福祉法　三法	初期は戦災孤児を想定。
身体障害者福祉法（1949）	身体障害者福祉法　三法	初期は傷痍軍人を想定。
精神薄弱者福祉法（1960）	知的障害者福祉法　六法	人権に配慮し 1999 年改称。
老人福祉法（1963）	老人福祉法　六法	老人の福祉に関する原理。1973 年田中角栄が改正老人福祉法で高齢者の医療費を無料に。
母子福祉法（1964）	母子及び父子並びに寡婦福祉法　六法	ひとり親支援。世相に合わせて「母子」→「母子並びに寡婦」→「母子及び父子並びに寡婦」と改正。
老人保健法（1982）	高齢者医療確保法（2008）	高齢者に関する保険制度で高齢者医療無料の廃止。
社会福祉事業法（1951）	社会福祉法（2000）	2000 年の介護保険法・社会福祉基礎構造改革に沿った内容。
社会福祉・医療事業団法（1984）	廃止	特殊法人等改革で，2003 年に独立行政法人福祉医療機構へ事業を継承。

2-2 日本の社会保障制度のしくみ

解説動画

問題 4　解答：5

×1　日本の社会保障制度の４つの柱は，社会保険，社会福祉，公的扶助，保健医療・公衆衛生である。社会保険は，医療保険，年金保険，介護保険，雇用保険，労災保険の５つ。生活保護は公的扶助に含まれる。

×2　厚生労働省によると，社会保障給付金の財源は６割が保険料，４割が税金（公費）となっている。

> **税金と保険料は，どちらも公費と勘違いしやすいので注意しよう。保険料は共助，税金は公助の財源である。**

×3　国民健康保険は，2018（平成30）年４月から都道府県と市町村がともに保険者となった。

×4　日本の社会保障制度は，日本国憲法第25条の理念「健康で文化的な最低限度の生活」に基づいて行われている。

○5　家族や地域住民によって助け合う相互扶助と社会全体で支え合う社会連帯の考え方が基盤にある。

問題 5　解答：1

○1　日本の社会保険制度の中で広義に社会保険と呼ばれるのは，医療保険，年金保険，介護保険，雇用保険，労災保険の５つ。狭義の社会保険は，医療保険，年金保険，介護保険の３つである。

×2　医療保険，年金保険，介護保険，雇用保険，労災保険は，すべて必ず加入しなくてはならない。

×3　社会保険制度のサービス給付方法には，年金のように金銭を支給する現金給付と，医療行為のようにサービスを支給する現物給付がある。

×4　厚生労働省によると，社会保障制度の財源は約６割が保険料，４割が税金（公費）となっている。

×5 医療保険の保険料は，職域を中心とする協会けんぽなどの被用者保険は給与に比例する応能負担。地域を中心とする国民健康保険は応能負担と応益負担の組み合わせとなっている。民間の医療保険の保険料は，個人の健康リスクによって異なる。

公的医療保険は大きく4つ。自営業者の国民健康保険，会社員の健康保険，公務員の共済組合，75歳以上の後期高齢者医療制度。

問題6　解答：2

×1 日本の年金制度は3階建て。1階部分は国民年金（基礎年金）。日本国内に居住する20歳以上60歳未満の人が加入する。2階部分は，会社員や公務員などが加入する厚生年金や自営業の人などが加入する国民年金基金。3階部分は厚生年金基金や確定拠出年金などで，個人や企業によって加入・非加入が選択できる。

○2 健康保険は，主に中小企業や大企業で働いている被用者（とその扶養家族）を対象にした医療保険。一方，国民健康保険は，他の医療保険制度に加入していないすべての人が対象である。

×3 後期高齢者医療制度は75歳以上の者を対象としている。この年代は疾病リスクが高く，多くが退職後で所得が低いため，公費・支援費（ほかの公的医療保険からの支援）などによる財政支援が行われている。窓口での自己負担割合は所得に応じて1割・2割・3割に分かれている。

×4 労働者災害補償保険の保険料は，業務災害の補償責任は本来事業主にあるという理由から全額事業主が負担することが原則である。

×5 雇用保険の給付に関する業務は，日本年金機構ではなく，公共職業安定所（ハローワーク）が行う。

ココトレ 社会保障制度

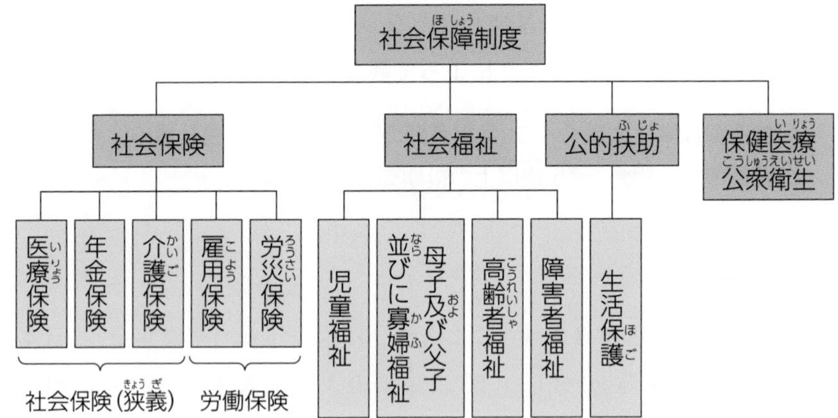

社会保障制度
社会保険
社会福祉
公的扶助
保健医療 公衆衛生
医療保険
年金保険
介護保険
雇用保険
労災保険
児童福祉
母子及び父子並びに寡婦福祉
高齢者福祉
障害者福祉
生活保護
社会保険（狭義）
労働保険

2-3 社会福祉法

解説動画

問題 7　解答：2

× 1 社会福祉法の第 1 条（目的）には，社会福祉を目的とする事業の全分野における共通的基本事項を定めるとある。福祉三法・六法・八法の法律名と成立年は覚えておこう。（109 ページ「ココトレ」参照）

○ 2 社会福祉法第 2 条に，第一種社会福祉事業と第二種社会福祉事業の具体的な事業が限定列挙されている。

× 3 高齢者医療確保法の目的。社会福祉法は第 4 条で「地域福祉の推進」を社会福祉の方向として示している。

× 4 国全体で高齢者の福祉について考え，高齢者自身も自らの生活の向上に努めるために，9 月 15 日を老人の日および同月 21 日までの 1 週間を老人週間と定めているのは，老人福祉法である。

× 5 社会福祉法第 6 条で，福祉サービスの提供体制の確保等に関する国および地方公共団体の責務が規定されている。

社会福祉法は，1951（昭和 26）年に社会福祉事業法として社会福祉事業の全分野における基本事項を定めた。社会福祉基礎構造改革の検討を経て 2000（平成 12）年に大幅改正し，社会福祉法に改称された。

問題 8　解答：4

× 1 社会福祉法人は，収益を公益事業に使用することを条件に収益事業を行うことができる。収益事業に関する会計は，社会福祉法人が実施する社会福祉事業の会計から区分し，特別の会計として経理をしなければならない（社会福祉法第 26 条）。

社会福祉法人は収益事業を行うことができる！

× 2 社会福祉法人は，社会福祉法で「老人ホームの経営等の社会福祉事業を行うことを目的として，社会福祉法の定めるところにより設立される法人」と定義されている。

× 3 社会福祉法人は政令の定めにより，その設立，従たる事務所の新設，移転など登記事項の変更，解散，合併，清算，人の就任とその変更，清算の終了などの場合に，登記をしなければならない。

○4 社会福祉法第36条で「社会福祉法人は，評議員，評議員会，理事，理事会及び監事を置かなければならない」と規定されており，評議員会の設置が義務づけられている。

×5 社会福祉法人の評議員になることができない者は，①法人，②暴力団員または暴力団員でなくなった日から5年を経過しない者など。

問題9　解答：3

×1 選択肢1は，新オレンジプランの7つの柱の1つである。

×2 選択肢2は，ゴールドプラン21の基本方針の1つである。

○3 2020（令和2）年の社会福祉法等の改正では，選択肢3のほかに，市町村の包括的な支援体制の構築の支援，地域の特性に応じた認知症施策や介護サービス提供体制の整備等の推進，医療・介護のデータ基盤の整備の推進，介護人材確保および業務効率化の取組の強化などが盛り込まれた。

×4 地域密着型サービスは，2006（平成18）年の介護保険法改正で創設された。

認知症高齢者グループホームや地域密着型サービスなど新しい介護サービスの創設は介護保険法。

×5 ケアの負担軽減のため，ロボット等の活用が進められているが，2020（令和2）年の社会福祉法等の改正には含まれていない。

ココトレ 社会福祉法人の事業

社会福祉法人は，社会福祉事業（第一種，第二種）のほかに公益（こうえき）事業および収益（しゅうえき）事業を行うことができる。

社会福祉事業

第一種
- 特別養護（ようご）老人（ろうじん）ホーム
- 児童養護（ようご）施設（しせつ）
- 障害者支援施設（しえんしせつ）
- 救護施設（きゅうごしせつ）　など

第二種
- 保育所
- 訪問介護（ほうもんかいご）
- デイサービス
- ショートステイ　など

公益（こうえき）事業
- 子育て支援（しえん）事業
- 入浴，排（はい）せつ，食事等の支援（しえん）事業
- 介護予防（かいごよぼう）事業，有料老人（ろうじん）ホーム，老人（ろうじん）保健施設（しせつ）の経営
- 人材育成事業
- 行政（ぎょうせい）や事業者（じぎょうしゃ）等の連絡（れんらく）調整事業

収益（しゅうえき）事業
- 貸（かし）ビル，駐車場（ちゅうしゃじょう），公共的な施設（しせつ）内の売店の経営

出典：厚生労働省（こうせいろうどうしょう）

2-4 労働者災害補償保険法

問題 10　解答：2

× 1 労働者災害補償保険制度（以下「労災保険」という。）の保険料は事業主が全額負担する。雇用主と労働者がそれぞれ負担するのは，社会保険（健康保険，厚生年金保険）と雇用保険。

○ 2 労災保険の対象となる労働者は，正社員に限らず，パートタイマー，アルバイトなど，使用されて賃金を支給される人すべてである。

× 3 労災保険は，基本的に所定労働時間内や残業時間内に事業場内において業務に従事している場合が対象であるが，私用や個人的なケンカなどは対象外。天変地異も，業務と直接関係（災害取材や災害復旧工事等）がない場合は対象外である。

× 4 労災保険は，業務中の業務災害や通勤中の負傷，疾病，障害，死亡等に対して保険給付を行う。当然帰り道の事故も対象である。

> **労災保険が適用されるのは業務が起因の場合。業務には，就労場所と自宅間の移動も含まれる。**

× 5 業務上の心理的負荷による精神障害も，労災認定要件を満たす場合は，保険給付の対象となる。

問題 11　解答：3

× 1 労災保険は，国が保険者となり運営している。全国健康保険協会と健康保険組合は，健康保険制度の保険者（健康保険事業の運営主体）。

> **労災保険は国が保険者。保険料は全額，事業主が負担する。**

× 2 労災保険率は，過去 3 年間の災害率などに応じて業種別に定められている。比率には幅があり，最低は金融業等の 0.25％，最高は金属鉱業等の 8.8％ で，全額を事業主が負担する。

○ 3 労災保険では，災害発生率が低い事業所の労災保険率を低くするメリット制が導入されている。事業所に対する災害防止の努力の促進と，保険料負担の公平性の確保を目的とした制度である。

× 4 業務上のストレスが原因の精神障害だと診断されれば，労災認定される。

× 5 労働基準監督署長が決定する保険給付に不服がある場合，都道府県労働局の労働者災害補償保険審査官に審査請求ができる。この決定にも不服がある場合は，厚生労働省の労働保険審査会に再審査請求をすることができる。

問題 12　解答：4

× 1 医療給付は現物給付（医療機関での診察や投薬など）。現金給付は年金等である。

× 2 労働者災害補償保険法には労働者の定義がない。労働基準法において労働者とは「事業又は事務所に使用される者で，賃金を支払われる者」と定義されている。妻は夫の会社から直接賃金を支払われていないので給付対象ではない。労働者が死亡した場合，遺族には遺族補償給付が支給される。

× 3 労災保険の保険料は事業主が全額負担しており，労働者本人の直接負担はない。

○ 4 労災保険の申請は労働基準監督署に行う。労働基準監督署は労働基準法や労働安全衛生法に基づいて，法定労働条件に関する相談や申告を受け付け，問題があれば事業場に立入調査を行い，労働条件の監督指導や行政処分を行う。労災保険の保険給付も行っている。

× 5 業務により発病したうつ病は給付対象となる。C さんは半年前から上司のパワーハラスメントを受けており，業務による強い心理的負荷によりうつ病を発病したと考えられるため，給付が認められる可能性がある。

労働基準監督署は労災認定基準に沿って対応する。2022（令和 4）年にパワーハラスメント防止対策が法制化され，認定基準にも「パワーハラスメント」の文言が追加された。

ココトレ 労災保険と健康保険

労災に認定されると，病院等で健康保険は使用できない。

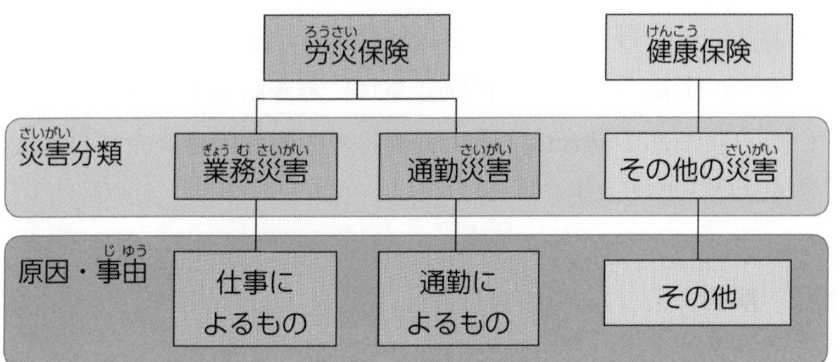

2-5 社会保障給付費

解説動画

問題 13　解答：2

× 1　社会保障給付費とは，ILO（国際労働機関）が定めた基準に基づき，社会保障制度を通じて 1 年間に国民に給付される現金または現物（サービス）の総額のこと。

年金，医療保険，介護保険，雇用保険，生活保護などの社会保障制度に係る 1 年間の政府の支出＝国民に対する金銭・サービスの給付である。現金とは限らない。

○ 2　2000（平成 12）年に介護保険制度がスタートして以降，社会保障給付費に占める介護対策の割合は年々増加傾向である。

× 3　「令和 2 年度社会保障費用統計」（国立社会保障・人口問題研究所）によると，社会保障給付費の総額は 132 兆 2,211 億円であり，1950（昭和 25）年度の集計開始以降の最高額を更新した。

× 4　「令和 2 年度社会保障費用統計」によると，社会保障財源を項目別にみた場合，社会保険料は約 4 割である。

× 5　「令和 2 年度社会保障費用統計」によると，部門別割合は「年金」が 42.1%，「医療」が 32.3%，「福祉その他」が 25.6% である。

問題 14　解答：5

× 1　「国税庁レポート 2022」によると 2020（令和 2）年度の一般会計当初予算は 107 兆 5,964 億円であり，社会保障給付費 132 兆 2,211 億円（令和 2 年度社会保障費用統計）を下回っている。

× 2　「令和 2 年度社会保障費用統計」によると，介護対策の給付費は 11 兆 4,169 億円であり，全体の 8.6% である。

× 3　「令和 2 年度社会保障費用統計」によると，年金関係の給付費は 55 兆 6,336 億円であり，全体の 42.1% である。

× 4　「令和 2 年度社会保障費用統計」によると，医療関係の給付費は 42 兆 7,193 億円（全体の 32.3%）であり，前年度（40 兆 7,242 億円）に比べて増加している。

○ 5 「令和2年度社会保障費用統計」によると，福祉その他の給付費は33兆8,682億円（全体の25.6%）であり，前年度（27兆7,481億円）に比べて増加している。

社会保障給付費は増加傾向。2023（令和5）年度予算で134.3兆円（対GDP比23.5%）。高齢化に伴い，今後も社会保障給付費の増加が見込まれる。

問題15　解答：2

× 1 2020（令和2）年度における社会保障給付費の対国内総生産（GDP）比は24.69%である。

○ 2 社会保障給付費を「医療」「年金」「福祉その他」の部門別にみると，「年金」が占める割合は42.1%と最も多く，「医療」32.3%，「福祉その他」25.6%となっている。

× 3 部門別の社会保障給付費の「介護対策」は，全体の中では8.6%である。

× 4 部門別の対前年度伸び率では，「介護対策」が含まれる「福祉その他」が22.1%で最も高い。「医療」の伸び率は4.9%，「年金」の伸び率は0.3%である。

× 5 社会保障財源の項目別割合では，「社会保険料」（39.8%）が「公費負担」（31.9%）を上回っている。

2020（令和2）年度は，公的年金保険等における運用実績が好調で「資産収入」が23.8%を占めたが，例年は「社会保険料」「公費負担」「資産収入」は，5：4：1程度である。これは，国民は働いて稼いだお金を税金としてよりも保険料として多く納めているということでもある。

2023（令和5）年の予算ベースの社会保障給付費

予算の時点では毎年，保険料と公費はほぼ6：4の割合である。

社会保障給付費

【給付】 2023年度（予算ベース）134.3兆円（対GDP比23.5%）

年金	医療	福祉その他*
60.1兆円（44.8%）	41.6兆円（31.0%）	32.5兆円（24.2%）

【負担】

保険料 77.5兆円（59.3%）		公費 53.2兆円（40.7%）		積立金の運用収入等
うち被保険者拠出 41.0兆円（31.4%）	うち事業主拠出 36.5兆円（27.9%）	うち国 36.7兆円（28.1%）	うち地方 16.4兆円（12.6%）	

※給付の「福祉その他」のうち，介護13.5兆円（10.1%），こども・子育て10.0兆円（7.5%）

出典：「社会保障の給付と負担の現状」（厚生労働省）

3-1 高齢者の状況

解説動画

問題 1　解答：4

× 1 高齢化率（総人口に占める 65 歳以上の割合）が 7％を超えた社会を高齢化社会，14％を超えると高齢社会，21％を超えると超高齢社会という。日本の高齢化率は 2022（令和 4）年 10 月 1 日時点で 29.0％であり，超高齢社会である。

高齢化社会 7％に 7 を足して高齢社会 14％，また 7 を足して超高齢社会 21％と覚えよう！

× 2 合計特殊出生率とは，15 ～ 49 歳の女性の年齢別出生率を合計したもので，一人の女性が一生の間に産む子どもの数を表し，2.07 を下回ると人口が減少する。日本の合計特殊出生率は，2022（令和 4）年時点で 1.26。

× 3 団塊の世代（1947（昭和 22）～ 1949（昭和 24）年に生まれた世代）が 65 歳以上となった 2015（平成 27）年の高齢者人口は 3,387 万人，その世代が 75 歳以上となる 2025（令和 7）年には 3,677 万人に達すると見込まれている。その後も高齢者人口は増加を続け，2042（令和 24）年以降に減少に転じると推計されている。

○ 4「人口推計」によると，高齢世代を支える現役世代である生産年齢人口（15 ～ 64 歳の人口）は 2022（令和 4）年で 7,421 万人（総人口に対し 59.4％）であり，1992（平成 4）年以降減少傾向にある。

× 5 高齢者が高齢者を介護することを老老介護という。「2022（令和 4）年度国民生活基礎調査の概況」（厚生労働省）では，要介護者と介護者の年齢組合せのうち，65 歳以上同士も，75 歳以上（後期高齢者）同士も増加傾向にあり，介護者の年齢が高くなる傾向が続いている。

問題 2　解答：2

× 1 健康寿命とは，健康上の問題で日常生活に制限がなく暮らせる期間のことをいう。超高齢社会の日本では，「健康日本 21（第二次）」においても，健康寿命の延伸と生活習慣病の重症化の予防を最重要課題としている。

○ 2 日本において，平均寿命の延伸と同様に健康寿命も延伸している。

平均寿命と健康寿命はともに延伸していると覚えよう！

× 3 平均寿命とは，その年に生まれた0歳児が平均で何歳まで生きられるかを予測した数値である。世界保健機関（WHO）の統計によると，2022（令和4）年時点での日本の平均寿命は84.3歳と世界で最も高く，次いでスイス，大韓民国の順である。

× 4 ロコモティブシンドローム（運動器症候群）とは，運動器の機能が低下し，要介護や寝たきりになる危険が高い状態をいう。動脈硬化と直接の関連はない。

× 5「令和4年版厚生労働白書」（厚生労働省）によると，2019（令和元）年時点で，男性の平均寿命は81.41歳，健康寿命は72.68歳で，その差は8.73年。女性の平均寿命は87.45歳，健康寿命は75.38歳で，その差は12.07年である。つまり，男性よりも女性のほうが，日常生活に何らかの制限がある期間が長い傾向にある。

問題3　解答：3

× 1 2019（令和元）年の平均寿命は，男性81.41歳，女性87.45歳であり，健康寿命とはそれぞれ約9年，約12年の差がある。

× 2「令和3年（2021）人口動態統計（確定数）」（厚生労働省）によると，がんの部位別にみた死亡者数は，男性は肺がん，女性は大腸がんが最も多い。

○ 3 WHO（世界保健機関）憲章の前文で「健康とは，肉体的，精神的及び社会的に完全に良好な状態であり，単に疾病又は病弱の存在しないことではない」と定義している。

× 4 2013～2022（平成25～令和4）年度までの，国民の健康づくり運動を推進するのが「健康日本21（第二次）」である。2022（令和4）年の最終報告書では「健康寿命の延伸」などは目標値に達したが，

「メタボリックシンドロームの該当者及び予備群の減少」などは悪化した。

× 5 ロコモティブシンドローム対策は，健康寿命を延ばすことを目的に行われる。

ロコモティブシンドロームは略してロコモといわれる。

ココトレ 日本の高齢化率，平均寿命，健康寿命

●日本の高齢化率

	高齢化率	到達年
高齢化社会	7%	1970（昭和 45）年
高齢社会	14%	1994（平成 6）年
超高齢社会	21%	2007（平成 19）年

※ 2022（令和 4）年 10 月 1 日現在　29.0%

●日本の平均寿命と健康寿命

	平均寿命	健康寿命	差
男　性	81.41 歳	72.68 歳	8.73 年
女　性	87.45 歳	75.38 歳	12.07 年

※「令和 4 年版厚生労働白書」（厚生労働省）より

3-2 高齢者の保健福祉に関連する法律

問題 4　解答：4

× 1　介護保険法に規定される介護保険施設は介護老人福祉施設，介護老人保健施設，介護医療院。介護保険施設に入所できるのは介護保険の第一号被保険者である 65 歳以上の者，または特定疾病により要介護状態にある 40 歳以上 65 歳未満の第二号被保険者である。

× 2　介護保険法において，40 歳以上 65 歳未満の医療保険加入者は，介護保険の第二号被保険者である。

× 3　高齢者医療確保法において，65 ～ 74 歳の者は医療保険の前期高齢者に定められており，75 歳以上の人が後期高齢者に定められている。

○ 4　介護保険法において，65 歳以上の者は，介護保険の第一号被保険者に定められている。

× 5　高齢者医療確保法において，後期高齢者医療の被保険者は，都道府県の区域内に住所を有する 75 歳以上の者，一定の障害があると後期高齢者医療広域連合から認定された 65 ～ 74 歳の者である。

問題 5　解答：1

○ 1　高齢者医療確保法では，65 歳以上 75 歳未満の者を前期高齢者，75 歳以上の者を後期高齢者としている。

× 2　特定健康診査（メタボリックシンドロームに着目した健診）や，その結果に基づく特定保健指導は，40 ～ 74 歳の者を対象に実施される。

× 3　後期高齢者医療制度の運営主体は，都道府県単位ですべての市町村が加入する広域連合（後期高齢者医療広域連合）である。

× 4　後期高齢者医療制度の財源は，約 5 割が公費（国：都道府県：市町村 = 4：1：1）負担であり，被保険者である高齢者の負担する保険料は，財源の 1 割程度である。

× 5　後期高齢者医療制度は，老人保健法が改正された高齢者医療確保法に基づいている。

2008(平成20)年から老人保健法は高齢者医療確保法に全面改正された。

問題6　解答：3

× 1　後期高齢者医療制度の加入対象は，原則75歳以上である。一定の障害のある者は65歳以上から対象となる。

× 2　生活保護受給者は，生活保護の医療扶助が適用となる。生活保護の医療扶助は，75歳以上の高齢者にも適用される。

○ 3　医療機関窓口における利用者負担割合は，入院・外来ともに原則1割で，所得に応じて2割もしくは3割負担となる。

× 4　保険料負担は個人単位であり，一人ひとりが納める。つまり，健康保険組合の被保険者や国民健康保険の加入者であった者に加え，健康保険組合や共済組合の被扶養者であった者も保険料を新たに負担する（国民健康保険も一人ひとりが被保険者）。

× 5　医療費の自己負担上限額が設定されている。自己負担上限月額は，現役並み所得者，一般，低所得者と所得別に設定されている。また，入院と外来でも異なる。

後期高齢者医療制度のしくみ

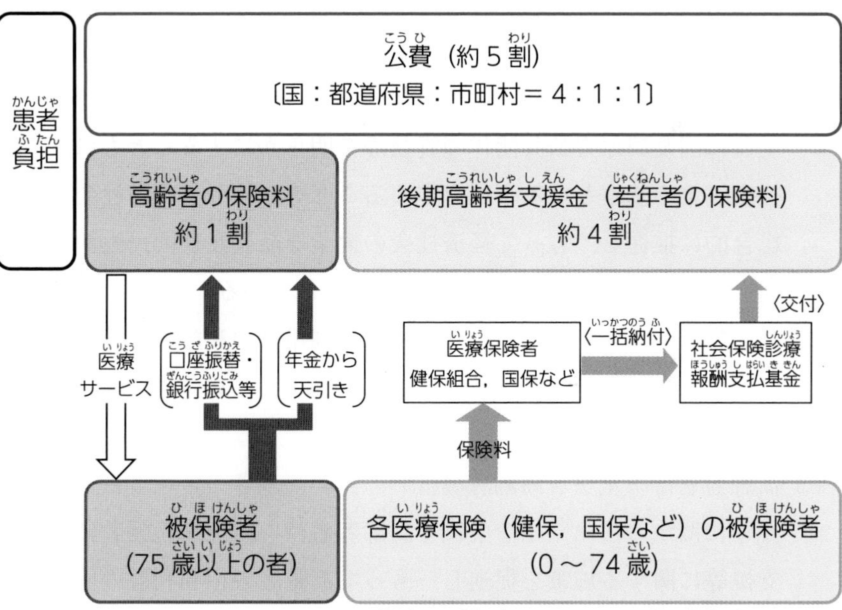

出典：「後期高齢者医療制度等の仕組み」（厚生労働省）より改変

3-3 介護保険制度（保険者・被保険者など）

解説動画

問題 7　解答：5

× 1　高齢社会対策基本法第１条に「高齢化の進展に適切に対処するための施策（以下「高齢社会対策」という。）に関し，基本理念を定め，並びに国及び地方公共団体の責務等を明らかにするとともに，高齢社会対策の基本となる事項を定めること等により，高齢社会対策を総合的に推進し，もって経済社会の健全な発展及び国民生活の安定向上を図ることを目的とする」と規定されている。

× 2　社会福祉法第１条に「福祉サービスの利用者の利益の保護及び地域における社会福祉（以下「地域福祉」という。）の推進を図る」と規定されている。

× 3　高齢者虐待防止法（高齢者虐待の防止，高齢者の養護者に対する支援等に関する法律）第１条に「高齢者虐待の防止，養護者に対する支援等に関する施策を促進し，もって高齢者の権利利益の擁護に資することを目的とする」と規定されている。

× 4　生活保護法第１条に「日本国憲法第 25 条に規定する理念に基づき，国が生活に困窮するすべての国民に対し，その困窮の程度に応じ，必要な保護を行い，その最低限度の生活を保障するとともに，その自立を助長することを目的とする」と規定されている。

○ 5　介護保険法第１条に「国民の共同連帯の理念に基づき介護保険制度を設け，その行う給付等に関して必要な事項を定め，もって国民の保健医療の向上及び福祉の増進を図ることを目的とする」と規定されている。

社会全体で介護を支えるしくみとしている。（介護の社会化）

問題 8　解答：1

○ 1　地域住民にとって最も身近な地方公共団体である市町村および特別区が保険者とされている。

保険者とは介護保険制度を運営する組織のことをいう。小規模な市町村では，広域連合や一部事務組合などの広域自治体が代わりに保険者になることができる。

× 2 都道府県は保険者ではない。介護保険の事業者の指定や指導を行う。

× 3 国は，介護保険制度の設計を行う。国の行政機関として厚生労働省が，介護保険事業の運営が健全かつ円滑に行われるよう保健医療サービスおよび福祉サービスを提供する体制の確保に関する施策などの措置を講じる。

× 4 財政安定化基金は，財政を安定的に確保するしくみとして都道府県に設置されている。

× 5 民間保険は生命保険など民間保険会社が行うものであり，加入や加入期間は任意。

介護保険は社会保険である。

問題 9　解答：1

○ 1 第一号被保険者は 65 歳以上，第二号被保険者は 40 歳以上 65 歳未満の医療保険加入者である。

高齢者虐待防止法に規定する高齢者も 65 歳以上！　あわせて覚えよう。

× 2 医療保険の加入が必要なのは第二号被保険者である。

× 3 介護保険の保険料は，市町村および特別区が徴収する。

× 4 保険料は第一号被保険者，第二号被保険者ともに全国一律ではない。

× 5 第二号被保険者が介護保険を利用できるのは，16 の特定疾病が原因の場合のみ。

特定疾病とは，加齢に伴って生じる心身変化に起因する疾病のこと。

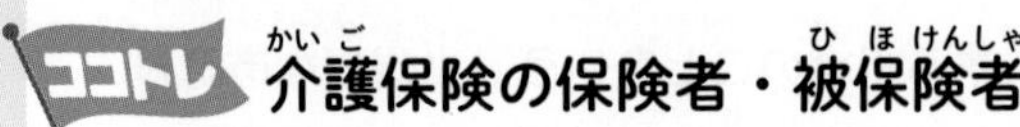

介護保険の保険者・被保険者

介護保険の保険者と被保険者について整理しよう！

・保険者（保険料を徴収）：市町村および特別区
・被保険者：第一号被保険者と第二号被保険者がある。

		第一号被保険者	第二号被保険者
保険加入	対象者	65歳以上	40歳以上65歳未満
	条件	市町村内に住所があること	市町村内に住所があり，医療保険に加入していること
保険料	金額	保険者（市町村）が基準額を示し，前年度の所得に応じて決められる（原則9段階）	報酬額に比例した負担（医療保険者によって異なる）
	徴収	特別徴収（年金から天引き），または普通徴収（納入通知書で納付）	各医療保険者が医療保険料と合わせて徴収

3-4 介護保険制度（財源構成など）

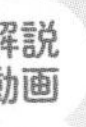

問題10　解答：5

×1 介護保険は社会保険であるため強制的に保険料が徴収され，支払いを拒否することはできない。

×2 介護保険制度の財源のうち，国，都道府県，市町村による公費負担の占める割合は50％である。公費だけで構成されていない。

×3 介護保険制度の財源に，現役世代からの支援金は含まれていない。現役世代からの支援金が財源構成に含まれているのは，後期高齢者医療保険制度である。

×4 介護保険制度の財源のうち，公費と第一号保険料が占める割合は73％である。このほかに第二号保険料で構成されている。

○5 介護保険制度の財源は，公費50％，第一号保険料23％，第二号保険料27％で構成されている。

税金：保険料＝50：50と覚えよう！

問題11　解答：2

×1 介護保険の財源は公費が50％，保険料（被保険者からの徴収）が50％である。

○2 介護保険の保険給付を利用した場合，費用の自己負担は原則1割であるが，前年度の収入に応じて2割もしくは3割の負担となる。

×3 介護保険特別会計を設けるのは市町村。特別会計とは，一般会計とは別の特定の目的のための会計のこと。

×4 介護保険サービスの利用者負担は，受けたサービス量に応じた金額を支払う応益負担である。一方，受けたサービス量にかかわりなく，支払い能力に応じた金額を支払うことを応能負担という。

×5 介護保険サービスの給付は，法律上は現金給付（償還払い）である。償還払いとは，利用者が費用の全額をいったんサービス提供事業者に支払い，その後申請することで，自己負担分を除いた金額が保険者から払い戻されるしくみのこと。

問題12　解答：4

×1　居宅サービス計画の作成には，利用者負担は生じない。

×2　介護保険サービスを利用した場合の利用者負担割合は，原則として1割。ただし，一定以上所得者の場合は2割または3割負担する。

×3　居宅サービスの保険給付には月額の支給限度額があり，この額を超えたサービス費については全額が自己負担となる。

○4　施設サービス，居宅サービス，地域密着型サービスの自己負担額が1か月の合計で定められた上限額を超えた分は，高額介護サービス費として支給される。

×5　介護保険は，各人の収入に関係なく同じ金額を支払う応益負担となっている。

ココトレ　介護給付費の費用負担

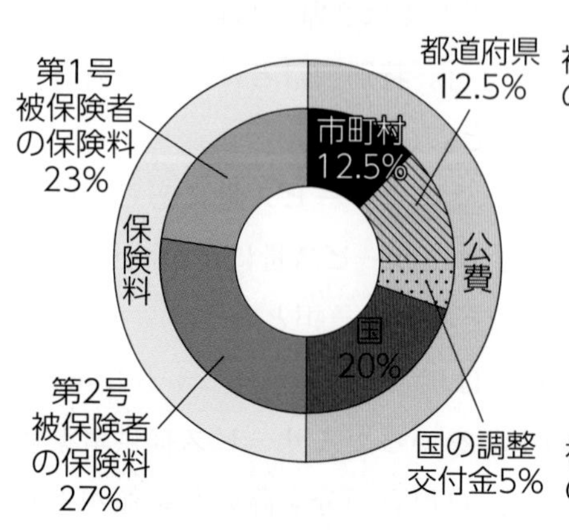

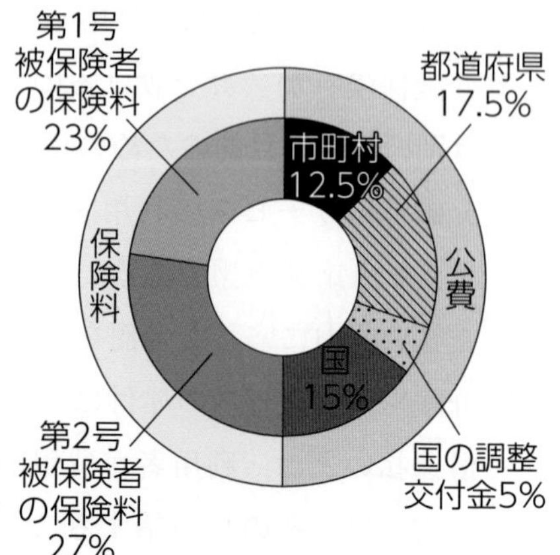

3-5 要介護認定

解説動画

問題 13　解答：1

○ 1　介護保険制度において保険給付を受けるためには，要介護状態あるいは要支援状態である判定（要介護認定）を受ける必要がある。

× 2　要介護認定の対象には，65 歳以上の第一号被保険者だけでなく，40 ～ 64 歳までの医療保険加入者である第二号被保険者も含まれる。

× 3　要介護認定の取消しが必要な場合は，市町村が行わなければならない。

× 4　要介護認定の審査および判定の基準を定めるのは国である。

× 5　要介護認定の結果を当該被保険者に通知しなければならないのは市町村である。

問題 14　解答：5

× 1　要介護認定の申請は，市町村に被保険者証をつけて申請する。申請は本人以外に家族，成年後見人，地域包括支援センター，居宅介護支援事業者，介護保険施設，社会保険労務士，民生委員等が行うことができる。

× 2　要介護認定の審査・判定（二次判定）は，市町村が設置する介護認定審査会が行う。

介護保険審査会は，要介護認定・要支援認定の結果や保険料の決定などに不満がある場合の審査請求機関。

× 3　施設サービス計画や居宅サービス計画の作成は，原則として要介護認定の後に行う。

× 4　要介護認定を受けるときに，被保険者の心身状況などが記入された主治医意見書をつける必要がある。

○ 5　施設サービス計画の作成は，原則として介護保険施設の介護支援専門員（ケアマネジャー）が行う。

問題15　解答：3

×1，×2，◯3，×4，×5

介護保険制度の介護サービスを利用している利用者の疾病や障害などの状況が悪化した場合，要介護認定の有効期間内であっても，要介護状態区分の変更の申請ができる。要介護認定の申請も，区分変更の申請も，申請先は介護保険の保険者（市町村および特別区）となる。

ココトレ　要介護認定の流れ

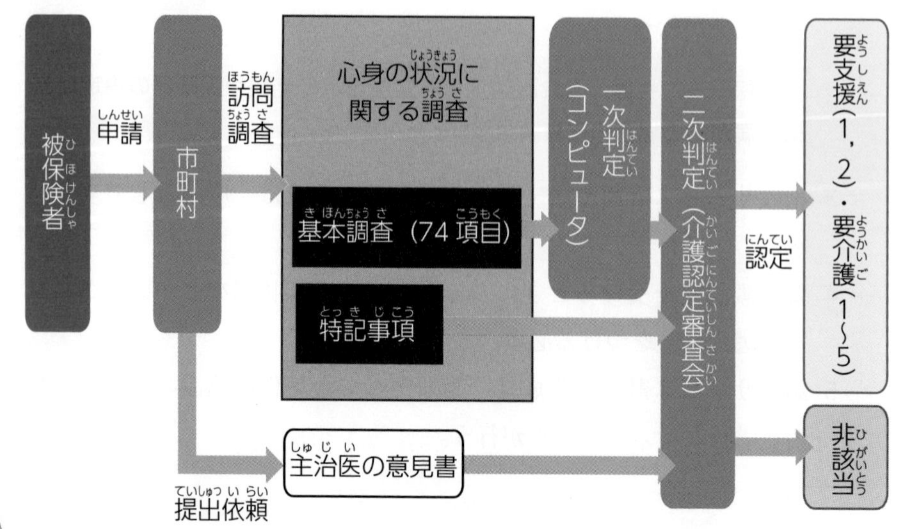

3-6 要介護認定（審査請求など）

問題 16　解答：4

×1　保険者である市町村および特別区は，要介護認定の決定機関であるが，認定結果に対する不服申立ての受付機関ではない。

×2　国民健康保険団体連合会は，サービスに関する苦情処理の受付機関である。

×3　介護認定審査会は，要介護認定にかかる審査・判定を行う機関である。市町村が設置する。

○4　介護保険審査会は，認定結果に対する不服審査を行う。中立性・公平性が求められるため，専門の第三者機関として都道府県に設置される。

×5　介護給付費審査委員会は，国民健康保険団体連合会に設置される介護給付費請求に関する審査機関である。

問題 17　解答：3

×1　要介護認定や要支援認定の結果，保険料の決定などに不服がある場合には，都道府県に設置されている介護保険審査会に対して審査請求をすることができる。審査請求は，処分があったことを知った日の翌日から起算して3か月以内に行わなければならない。

×2　財政安定化基金とは，保険料の収納率の低下や予想以上の給付額の増大などのために，赤字に陥ってしまった場合，市町村の一般会計から繰り入れをしなくても済むように，都道府県に設置されている。

○3　介護保険審査会は，都道府県に設置される。また，介護認定審査会は，市町村に設置される。

×4　介護報酬は3年ごとに改定され，厚生労働大臣が社会保障審議会（介護給付費分科会）の意見を聞いて定める。

×5　要介護認定の審査・判定を行うのは，介護認定審査会である。

問題18　解答：1

○1　指定居宅介護支援事業者は，要介護者に対して，居宅で介護保険サービスを利用するための居宅サービス計画（ケアプラン）を作成する事業者である。2018（平成30）年度から，指定居宅介護支援事業者の指定を行うのは，都道府県知事から市町村長に変更された。

×2，×3　制度の運営に必要な各種基準等については，国が設定する。国の設定基準として，要介護認定・要支援認定基準，介護報酬の算定基準，区分支給限度基準額，第二号被保険者の負担割合のほか，都道府県や市町村が介護サービス事業者や介護保険施設の人員・設備・運営等の基準を条例で定めるにあたって，「従うべき」基準・「標準とする」基準・「参酌する」基準などがある。

×4　財政安定化基金の設置は都道府県の役割である。

×5　指定居宅サービス事業者の指定は都道府県の役割である。

ココトレ　介護認定審査会と介護保険審査会の違い

	構成メンバー	内　容	設　置
介護認定審査会	保健，医療，福祉の学識経験者３～５人	要介護（要支援）状態区分について審査判定を行う	市町村
介護保険審査会	被保険者を代表する委員３人，市町村を代表する委員３人，公益を代表する委員は３人以上	処分（決定）に違法または不当な点がないかを審査し，違法や不当があると認めたときは，処分の全部または一部を取り消し，市町村が改めて処分をやり直す	都道府県

3-7 介護保険サービス 1

解説動画

問題 19　解答：2

× 1 訪問介護では，利用者の同居家族への生活援助サービスの提供は禁止されている。

利用者本人以外へのサービスはできない。

○ 2 サービス付き高齢者向け住宅や住宅型有料老人ホーム（介護付き有料老人ホーム以外の有料ホーム）などは，訪問介護を利用できる。なお，養護老人ホーム（環境および経済的に困窮している高齢者のための支援施設）や軽費老人ホーム（無料または低額の料金で食事などのサービスを提供する施設。B 型は自炊）も在宅扱いのため，入居者は訪問介護が利用できる。

× 3 訪問介護のサービスの１つである通院等乗降介助は，病院や診療所に定期的に通院するときなど，訪問介護員等が自ら運転する車両への乗車・降車の介助と，乗車前後の屋内外での移動等の介助や通院先での受診の手続きや移動の介助を行うことができる。

× 4 訪問介護には，身体介護，生活援助といったサービスに相談・助言・情報提供などが含まれている。

× 5 訪問介護のサービス内容には，見守りや安否確認も含まれており，利用者本人の不在中に掃除・洗濯等のサービスを行うことはできない。

問題 20　解答：3

× 1 公共料金の支払いの代行は，訪問介護のサービスに含まれない。日常生活自立支援事業のサービスに含まれる。

× 2 利用者の家族に食事を作ることは，訪問介護のサービスに含まれない。

○ 3 服薬介助は，身体介護として訪問介護のサービスに含まれる。

× 4 利用者本人が使用しない庭の清掃や草むしりは，「日常生活の援助に該当しない行為」であり，訪問介護のサービスに含まれない。

援助しなくても生活に差し支えないものは，サービス内容に含まれない。

× 5 訪問時以外の安否確認は，訪問介護のサービスに含まれない。

問題 21　解答：2

× 1 介護老人福祉施設を利用できるのは，原則として要介護 3 以上の者である。

他の介護保険施設である介護老人保健施設と介護医療院は要介護 1 から利用できる。

◯ 2 訪問型サービスは，地域支援事業における介護予防・生活支援サービス事業に含まれ，要支援者と事業対象者が利用できる。**C** さんに対するサービスとして適切である。

× 3 地域包括支援センターは，介護予防サービス・支援計画（ケアプラン）を作成する。個別援助計画は，介護予防サービス・支援計画に基づき，各サービス事業所が作成する。

× 4 介護給付の地域密着型通所介護は，要介護 1 以上の者が利用できる。要支援者は，通所介護（デイサービス）に相当するものとして，地域支援事業の通所型サービスを利用できる。

× 5 認知症老人徘徊感知機器は，要介護 1 以上で貸与を受けられる。**C** さんは要支援 2 なので該当しない。

ココトレ 介護給付と予防給付のサービス

	介護給付（対象：要介護者）	予防給付（対象：要支援者）
都道府県が指定・監督	**居宅介護サービス** 【訪問サービス】訪問介護（ホームヘルプサービス），訪問入浴介護，訪問看護，訪問リハビリテーション，居宅療養管理指導 【通所サービス】通所介護（デイサービス），通所リハビリテーション 【短期入所サービス】短期入所生活介護（ショートステイ），短期入所療養介護 【その他】特定施設入居者生活介護，福祉用具貸与，特定福祉用具販売 **施設サービス** 介護老人福祉施設，介護老人保健施設，介護療養型医療施設，介護医療院	**介護予防サービス** 【訪問サービス】介護予防訪問入浴介護，介護予防訪問看護，介護予防訪問リハビリテーション，介護予防居宅療養管理指導 【通所サービス】介護予防通所リハビリテーション 【短期入所サービス】介護予防短期入所生活介護（ショートステイ），介護予防短期入所療養介護 【その他】介護予防特定施設入居者生活介護，介護予防福祉用具貸与，特定介護予防福祉用具販売
市町村が指定・監督	**地域密着型介護サービス** 定期巡回・随時対応型訪問介護看護，夜間対応型訪問介護，地域密着型通所介護，認知症対応型通所介護，小規模多機能型居宅介護，認知症対応型共同生活介護（グループホーム），地域密着型特定施設入居者生活介護，地域密着型介護老人福祉施設入所者生活介護，複合型サービス（看護小規模多機能型居宅介護） **居宅介護支援**	**地域密着型介護予防サービス** 介護予防認知症対応型通所介護，介護予防小規模多機能型居宅介護，介護予防認知症対応型共同生活介護（グループホーム） **介護予防支援**

3-8 介護保険サービス 2

問題 22　解答：4

×1 介護保険法に規定されている。

×2 常勤医師の配置が必要である。

×3 要介護１以上の人が入所できる。

○4 リハビリテーションを行うために理学療法士または作業療法士の配置が必要。

×5 看取りを行うこともできる。

> **介護老人保健施設は病院と在宅を結ぶ中間に位置する施設であることから中間施設と呼ばれる。在宅生活への復帰を目指すことが中心となるが，医療的ケア対応，必要に応じて看取りも行うことがある。**

問題 23　解答：3

×1 **C** さんは介護老人福祉施設に入所したため，通所介護（デイサービス）の利用はできない。

×2 妻の状態の報告は，必要とされない。

○3 施設サービス計画（ケアプラン）を作成することが求められる。

> **介護保険施設である介護老人福祉施設，介護老人保健施設，介護医療院の入所者について，施設で提供するサービス内容などを施設の介護支援専門員（ケアマネジャー）が作成した計画を施設サービス計画（ケアプラン）という。**

×4 個別援助計画書は施設サービス計画（ケアプラン）が作成された後，その内容をふまえ，介護福祉職によって立案される。

×5 **C** さんに認知症があるからといって，施設の説明を省略することは適切ではない。

問題 24　解答：3

×1 介護保険料は，介護サービスの利用の有無にかかわらず支払うものであり，市町村ごとに所得水準に応じて設定される。要介護度に変更があっても，介護保険料には影響ない。

× 2　介護サービスの利用者負担割合は，利用料の1割が原則。ただし，利用者の所得に応じて自己負担割合が変更されるしくみとなっており，前年度の所得が一定以上ある場合，2割または3割の自己負担となる。要介護度に変更があっても，利用者負担割合には影響ない。

原則，保険給付9割＋自己負担1割。一定以上の所得があると2割または3割の自己負担。

○ 3　認知症対応型共同生活介護費は，要介護度に応じて利用料が設定される。利用者の要介護度が高くなるにしたがい，かかる費用も高くなる。

× 4, × 5　食費や高熱水費，居住費等は，介護保険給付の対象外。要介護度の変更には影響を受けない。

ココトレ　介護保険施設サービス

介護給付	内　容
介護老人福祉施設	入所定員30人以上の特別養護老人ホーム入所者に対し，入浴・排せつ・食事などの介護や日常生活上の世話，機能訓練，健康管理，療養上の世話を行う施設。原則，要介護3以上の人が利用できる。
介護老人保健施設	看護，医学的管理のもとでの介護や機能訓練，その他の必要な医療や日常生活上の世話を行い，在宅への復帰を目指す施設。
介護医療院	2018（平成30）年に介護療養型医療施設の主な移行先として創設された施設。長期にわたり療養が必要な要介護者を対象とし，療養上の管理，看護，医学的管理のもとでの介護や機能訓練，そのほか必要な医療や日常生活上の世話を行う施設。

※介護療養型医療施設は2024（令和6）年3月31日までに廃止される予定。

3-9 介護保険制度（地域支援事業）

解説動画

問題 25　解答：5

×1　予防給付は，要支援１・２の人を対象とする保険給付であり，地域支援事業ではない。

×2　介護給付は，要介護１～５の人を対象とする保険給付であり，地域支援事業ではない。

×3　家族介護支援事業は，地域支援事業の任意事業に含まれる。

×4　第一号通所事業（通所型サービス）は，介護予防・生活支援サービス事業（第一号事業）に含まれる。

○5　地域ケア会議推進事業は，地域支援事業の包括的支援事業のうち，社会保障を充実させるための事業に含まれる。

> **介護保険制度では，①介護予防・日常生活支援総合事業，②包括的支援事業，③任意事業の３つを要介護状態等になるおそれのある高齢者を対象とする地域支援事業としている。**

問題 26　解答：3

×1　介護予防把握事業は，一般介護予防事業に位置づけられる。何らかの支援を要する者を把握する事業である。

×2　介護予防普及啓発事業は，一般介護予防事業に位置づけられる。要介護認定を受けていない高齢者が要介護認定者にならないよう，介護予防の基本的知識を持ってもらうための事業である。

○3　介護予防ケアマネジメントは，介護予防・生活支援サービス事業に位置づけられる。地域包括支援センターが，要支援者等の状況に合った適切なサービスが提供されるようマネジメントする事業である。

×4　地域介護予防活動支援事業は，一般介護予防事業に位置づけられる。介護予防に資するボランティアや地域活動組織の育成，地域活動の実施などを行う。

×5　地域リハビリテーション活動支援事業は，一般介護予防事業に位置置づけられる。アセスメント時の同行訪問，サービス担当者会議への出席，モニタリング時の随時相談，評価時の同行訪問等である。

問題 27　解答：4

× 1 居宅サービス計画の作成は，介護支援専門員（ケアマネジャー）が開催するサービス担当者会議で行われる。

× 2 事業所の事業運営の推進を目的とする会議は，地域密着型サービス事業者が設置する運営推進会議で行われる。

× 3 地域包括支援業務の運営評価は，地域包括支援センター運営協議会で行われる。

○ 4 地域ケア会議の機能として地域包括支援ネットワークの構築がある。関係機関の連携強化やネットワークの構築を図る。

地域ケア会議の機能には①個別課題解決機能，②地域包括支援ネットワーク構築機能，③地域課題発見機能，④地域づくり・資源開発機能，⑤施策形成機能がある。

× 5 介護保険事業計画の計画案は，介護保険運営協議会で検討される。

ココトレ 地域支援事業（実施主体：市町村）

①介護予防・日常生活支援総合事業（総合事業）	○介護予防・生活支援サービス事業（第一号事業） ・第一号訪問事業（訪問型サービス） ・第一号通所事業（通所型サービス） ・第一号生活支援事業（その他生活支援サービス） ・第一号介護予防支援事業（介護予防ケアマネジメント） ○一般介護予防事業
②包括的支援事業	○地域包括支援センターの運営として行われる事業 ・第一号介護予防支援事業（介護予防ケアマネジメント） ・総合相談支援事業 ・権利擁護事業 ・包括的・継続的ケアマネジメント支援業務 ○社会保障を充実させるための事業 ・在宅医療・介護連携推進事業 ・生活支援体制整備事業 ・認知症総合支援事業 ・地域ケア会議推進事業
③任意事業	・介護給付等費用適正化事業 ・家族介護支援事業 ・その他の事業

3-10 介護保険制度（利用者を守るしくみ）

問題 28　解答：4

× 1　事業所が，直接ほかの事業所に注意するのは，適切とはいえない。

× 2　**A** さんのＶ事業所への苦情に対し，適切に解決するよう努めることが求められる。

× 3　介護保険審査会は，介護保険における保険給付や要介護（要支援）認定などの行政処分に対する不服申立て（審査請求）の審理・裁決を行う機関である。利用者からの苦情の処理を行う機関ではない。

○ 4　事業所との話し合いで問題が解決しなかった場合は，第三者機関の相談窓口へ相談することが望ましい。第三者機関は，苦情の放置や密室化，事業所に都合のよい解決を防ぐ役割をもつ。

第三者機関に相談しても解決できなかった場合は，国民健康保険団体連合会に相談するとよい。

× 5　日常生活自立支援事業は，認知症，知的障害，精神障害などにより判断能力が不十分な人を対象に，福祉サービスの利用援助などを行うものである。苦情解決制度の利用援助も含まれてはいるが，事例文に **A** さんが認知症であったり，判断能力が不十分であるとの情報はなく，利用対象者に該当しない。

問題 29　解答：4

× 1　指定居宅サービス事業所は，苦情処理の窓口を設け対応しなければならない。

介護保険の事業所は，利用者や家族からの苦情に迅速かつ適切に対応するために必要な措置を講じる義務がある。

× 2　苦情への対応となっておらず，不適切である。

× 3　国民健康保険団体連合会は，介護サービスの質の向上に関する業務の一環として，苦情処理業務を担い，本人または代理人による苦情の申立てを受け付ける。介護サービス事業所は，苦情を受けたことに関して国民健康保険団体連合会へ報告する義務はない。求めに応じて改善内容を報告することはある。

○4 市町村から求めがあったときは，改善内容を市町村に報告しなければならない。

×5 指定居宅サービス事業所への苦情の申立ては，本人だけでなく，家族も行うことができる。

問題30　解答：2

×1 指定情報公表センターは，都道府県知事が指定し，都道府県ごとに設置されている。

○2 介護サービス情報には，介護サービス事業者が行う介護サービスの内容や運営の状況に関する情報が含まれている。

×3 訪問介護事業者だけでなく，介護サービスを行う事業者は，事業を始めるときや事業を始めてからは年に1回程度，都道府県知事や指定情報公表センターに，介護サービス情報を報告しなければならない。

×4 指定調査機関は，介護サービス事業者が報告した介護サービス情報が事実であるか調査する。調査方法は，事業者の代表者と面接して行うもので，利用者全員に面接するわけではない（厚生労働省通知「介護サービス情報の公表制度の施行について」）。なお，調査は義務ではなく，都道府県が必要と認める場合にのみ行う。

×5 公表は，主にインターネットを通じて行われる。

ココトレ　国民健康保険団体連合会

●国民健康保険団体連合会の役割

①介護給付費等（居宅介護サービス費，施設介護サービス費等）の請求に関する審査および支払い

②介護サービス事業者や介護保険施設等に対する必要な指導・助言（苦情処理業務を含む）

③介護保険事業の円滑な運営に資する業務

3-11 介護保険制度（介護支援専門員）

問題 31　正解：4

× 1　介護支援専門員証は5年ごとに更新を必要とする。更新のためには，都道府県知事が厚生労働省令で定めるところにより行う研修の受講が必要となる。

× 2　介護支援専門員（ケアマネジャー）の登録は，都道府県知事が行う。

× 3　業務禁止命令を行うことができるのは都道府県知事であり，業務に関する指示・命令に従わない場合に禁止できる。

○ 4　介護支援専門員（ケアマネジャー）は，担当する要介護者の人格を尊重し，常にその立場に立って，提供されるサービスが特定の種類または特定の事業者などに不当に偏ることのないよう，公正かつ誠実にその業務を行わなければならない。

× 5　介護支援専門員（ケアマネジャー）でなくなった後も同様に，業務に関して知り得た人の秘密を漏らしてはならない。

専門職は職務を離れても秘密保持義務を守ることが求められる。

問題 32　解答：3

× 1　介護支援専門員（ケアマネジャー）の役割は，利用者本位の適切な介護サービスが行われるよう調整を図ること。食事や排せつなど日常生活の介護を直接行うのは，訪問介護員（ホームヘルパー）である。

× 2　居宅サービス計画の実施状況のモニタリングを，少なくとも1か月に1回は行わなければならない。

○ 3　介護支援専門員（ケアマネジャー）は，要介護認定の申請・更新手続きの代行を行うことができる。

× 4　依頼を受けて出席するのではなく，介護支援専門員（ケアマネジャー）がサービス担当者会議を開催する。利用者にかかわるサービス担当者に集まってもらい専門的な意見を聴取して，居宅サービス計画原案の調整を図る。

サービス担当者会議は，ケアプラン作成・変更時，要介護認定更新時，要介護認定区分変更時，継続して福祉用具を利用する場合に開催が義務づけられている。

× 5 介護支援専門員（ケアマネジャー）は，介護サービスの調整，サービス給付費の計算や請求などを利用者に代わって行う。支給限度額上限まで利用できるよう調整するのではなく，利用者に必要なサービスが提供されるよう調整する。

問題 33　解答：4

× 1「指定居宅介護支援等の事業の人員及び運営に関する基準」において，介護支援専門員（ケアマネジャー）がサービス担当者会議を招集することが規定されている。

× 2 サービス担当者会議は，利用者本人や家族が参加できる。

× 3 サービス担当者会議は，ケアプラン作成・変更時，要介護認定更新時，要介護認定区分変更時などに開催される。開催の頻度については規定されていない。

サービス担当者会議は，開催場所も規定されていない。

○ 4 サービス担当者会議は，居宅サービス計画の作成のために開催される。

× 5 サービス担当者会議において，利用者の氏名が匿名化されることはない。

ココトレ 介護支援専門員（ケアマネジャー）の義務・禁止事項

①サービスが偏らないような公正かつ誠実な業務
②基準遵守業務
③介護支援専門員証の不正利用，名義貸しの禁止
④信用失墜行為の禁止
⑤秘密保持義務
⑥資質向上の努力義務

3-12 介護保険制度（専門職の役割）

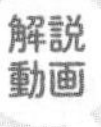

問題 34　解答：3

× 1　利用者の療養上の世話または診療の補助は，看護師が行う。

× 2　利用者の栄養ケア・マネジメントは，管理栄養士が行う。

○ 3　日常生活を営むのに必要な身体機能の回復や維持ができるように機能訓練を行うのは理学療法士である。

× 4　利用者の言語機能訓練は，言語聴覚士が行う。

> **言語聴覚士は，摂食・嚥下に障害がある人に対して，機能回復や維持のための訓練・指導も行う。**

× 5　施設サービス計画の作成は，介護支援専門員（ケアマネジャー）が行う。

問題 35　解答：3

× 1　薬の処方箋の交付ができるのは医師のみ。薬剤師は主に薬の管理や調剤・供給を行う。

> **薬の効能や服用方法，注意点等を説明するのも薬剤師の大切な役割である。**

× 2　食事メニューを考えるのは管理栄養士の役割。歯科衛生士は，歯科診療の補助，歯科予防処置，歯科保健指導を行う。

○ 3　作業療法士は，食事，入浴，着脱といった日常生活における作業動作の改善・維持に向けた支援を行う。

× 4　居宅サービス計画の立案は介護支援専門員（ケアマネジャー）の役割。

× 5　介護支援専門員が居宅サービス計画（ケアプラン）を作成する中で，適切なサービスの利用を検討する。訪問リハビリテーションの利用の提案は，医師でなく介護支援専門員（ケアマネジャー）の役割。

問題36　解答：5

× 1 居宅療養管理指導は，医師，歯科医師，薬剤師，管理栄養士，歯科衛生士，看護師などが担う。

× 2 サービス提供責任者は，訪問介護計画の作成を担う。ケアプランの作成は介護支援専門員（ケアマネジャー）の役割である。

× 3 福祉用具専門相談員は，介護保険適用の福祉用具利用の際に，その選定や使用方法等の助言を行う。具体的に住宅改修工事を行う者ではない。

× 4 福祉サービスの必要な人に相談・情報提供・助言などの援助を行うのは社会福祉士である。

社会福祉士は，働く場所によって職名が変わる。福祉施設では生活相談員や支援相談員など，病院ではメディカルソーシャルワーカー（MSW），福祉事務所ではケースワーカーと呼ばれる。

○ 5 保健師は，健康の保持増進のための保健指導や健康管理のほか，母子保健活動や産業保健活動などにかかわる。

ココトレ　多職種連携（チームアプローチ）

介護の実践においては，異なる専門性をもつ多職種がチームとなり利用者を支え合うことが大切である。それぞれの専門職のもつ専門性を理解し，その能力を活用していくことで効果的なサービスを提供していくことが求められる。

3-13 介護保険制度（近年の改正）

問題 37　解答：5

× 1　地域密着型サービスの創設は，2005（平成 17）年の改正時。地域の特性に応じて多様で柔軟なサービスが可能となるよう新たなサービス体系が創設された。

認知症対応型共同生活介護（グループホーム），小規模多機能型居宅介護など。

× 2　介護職員等によるたんの吸引等の実施は 2011（平成 23）年の改正時。介護福祉士や一定の教育を受けた介護福祉職によるたんの吸引等の実施が可能となった。

たんの吸引のほかに，経管栄養も可能となった。

× 3　24 時間対応の定期巡回・随時対応サービスは 2011（平成 23）年の改正で創設された。日中・夜間を通じて，訪問介護と訪問看護を一体的またはそれぞれが連携して提供するサービスとして地域密着型サービスに位置づけられた。

ほかに複合型サービス（現・看護小規模多機能型居宅介護）が創設された。

× 4　2 割負担の導入は 2014（平成 26）年の改正時。一定以上の所得のある高齢者の自己負担割合が 1 割から 2 割に引き上げられた。

2018（平成 30）年改正では，3 割負担が導入された。

○ 5　介護医療院は，2017（平成 29）年の改正により創設された。慢性期の医療と介護の両方を必要とする高齢者を対象として，日常的な医学管理，看取り・ターミナルケア等の医療機能とともに，生活施設としての機能を提供する施設。

問題 38　解答：2

×1　2014（平成 26）年の改正により，地域包括ケアシステムの実現のための地域ケア会議が介護保険法に規定された。

○2　2020（令和 2）年の改正により，これまで高齢，障害，子ども，生活困窮各分野の制度で行われていた相談支援を属性や世代を問わず，一体的に行うことが可能になった。

×3　地域密着型サービスは，地域包括支援センターと同様，2005（平成 17）年の改正により創設された。市区町村が事業者の指定・監督を行い，原則として当該市区町村の被保険者のみが利用できるサービスである。

×4　2018（平成 30）年の改正により，共生型サービスが創設された。介護保険制度または障害者総合支援制度のいずれかの指定を受けている事業所が，もう一方の制度の指定を受けやすくなった。

障害者が高齢になり介護保険に移行する際，使い慣れた事業所でサービスを受けることが可能となった。

×5　2014（平成 26）年の改正により，特別養護老人ホームの新規入所者が原則要介護 3 以上となった。

特別養護老人ホームは老人福祉法上での名称。介護保険上では介護老人福祉施設という。

問題 39　解答：4

×1　訪問リハビリテーションは，介護保険サービスの 1 つであるが，障害福祉サービス等には共通する内容のサービスがなく，対象とならない。

×2　共同生活援助（グループホーム）は，障害福祉サービスの 1 つであるが，介護保険サービスには共通する内容のサービスがなく，対象とならない（介護保険サービスの 1 つである認知症対応型共同生活介護は，グループホームと呼ばれるが，認知症のある利用者を対象とした専門的なサービスである)。

× 3 行動援護は，障害福祉サービスの１つであるが，介護保険サービスには共通する内容のサービスがなく，対象とならない。

○ 4 ショートステイは，共生型サービスの対象とされている。

共生型サービスは，ホームヘルプサービス，デイサービス，ショートステイの３つが対象となる。

× 5 訪問看護は，介護保険サービスの１つであるが，障害福祉サービス等には共通する内容のサービスがなく，対象とならない。

ココトレ 介護保険制度の改正内容

● 2018（平成 30）年の改正

改正のための法律	改正内容
地域包括ケアシステムの強化のための介護保険法等の一部を改正する法律	①自立支援・重度化防止に向けた保険者機能の強化等の取組の推進 ②医療・介護の連携の推進等 ③地域共生社会実現に向けた取組の推進等 ④３割負担の導入 ⑤介護納付金への総報酬割の導入

● 2020（令和 2）年の改正

改正のための法律	改正内容
地域共生社会の実現のための社会福祉法等の一部を改正する法律	①地域住民のニーズに対応する支援体制の構築 ②地域の特性に応じた介護サービスの提供体制などの整備 ③介護人材確保・業務効率化の取組 ④高額介護サービス員の見直し

4-1 障害者の状況・定義

解説動画

問題 1　解答：4

× 1　身体障害者（児）436 万人，知的障害者（児）108 万 2,000 人，精神障害者 382 万 4,000 人であり，身体障害者（児）が最も多い。

× 2　精神障害者の総数 392 万 4,000 人のうち，精神障害者保健福祉手帳所持者は 84 万 1,000 人で全体の 2 割程度である。

× 3　施設入所の身体障害者（児）7 万 3,000 人で 1.7%，施設入所の知的障害者（児）12 万人で 11.1%，入院の精神障害者 31 万 3,000 人で 8.0% であり，身体障害者（児）の割合が最も低い。

○ 4　在宅の知的障害者（児）は 2011（平成 23）年の調査で 62 万 2,000 人であったが，2016（平成 28）年の調査では 96 万 2,000 人となり増加傾向にある。

× 5　在宅の身体障害者 428 万 7,000 人のうち 65 歳以上の者は 311 万 2,000 人で 72.6% となっており，8 割は超えていない。

問題 2　解答：4

× 1　障害者総合支援法において，障害者とは「身体障害者，知的障害者，精神障害者（発達障害者を含み，知的障害者を除く），難病患者等であって，18 歳以上の者」と規定されている。

× 2　年齢の上限に関する規定はない。

× 3　選択肢 1 の解説のとおり，難病患者も含まれる。

障害者に難病患者が含まれていることを押さえておこう！

○ 4　発達障害者支援法では，発達障害者について，発達障害（自閉症，アスペルガー症候群，その他の広汎性発達障害，学習障害，注意欠陥多動性障害などの障害であってその症状が通常低年齢において発現するもの）がある者であって発達障害および社会的障壁により日常生活または社会生活に制限を受けるものと定めている。

× 5　身体障害者福祉法において，身体障害者は「一定の身体上の障害がある18歳以上の者であって，都道府県知事から身体障害者手帳の交付を受けたもの」と規定されている。

問題3　解答：5

×1　障害者を身体障害者，知的障害者，精神障害者（発達障害者を含む），および難病患者等と定義している。

精神障害者に発達障害者も含まれていることを覚えておこう！

×2　身体障害者および精神障害者は，それぞれ身体障害者福祉法，精神保健及び精神障害者福祉に関する法律にて定義されているが，知的障害者福祉法には知的障害者の定義がない。

×3　障害者総合支援法の成立時，障害者の範囲に新たに加わったのは難病患者である。発達障害者は2010（平成22）年の障害者自立支援法改正時に加わった。

×4　難病患者は，身体障害者とは別に「治療方法が確立していない疾病その他の特殊の疾病であって政令で定めるものによる障害の程度が厚生労働大臣が定める程度である者」と規定されている。

○5　障害者総合支援法に「『障害児』とは，児童福祉法第4条第2項に規定する障害児をいう」と規定されている。

障害者各法による障害者の定義

身体障害者	身体障害者福祉法	一定の身体上の障害がある18歳以上の者であって，都道府県知事から身体障害者手帳の交付を受けた者
精神障害者	精神保健及び精神障害者福祉に関する法律(精神保健福祉法)	統合失調症，精神作用物質による急性中毒またはその依存症，知的障害その他の精神疾患を有する者
発達障害者	発達障害者支援法	発達障害（自閉症，アスペルガー症候群，その他の広汎性発達障害，学習障害，注意欠陥多動性障害などの障害であってその症状が通常低年齢において発現するもの）がある者であって発達障害および社会的障壁により日常生活または社会生活に制限を受けるもの

4-2 障害者差別解消法と合理的配慮

問題 4　解答：5

×1 インクルージョンは「包み込み」を意味する。障害者の権利に関する条約（障害者権利条約）では障害者を権利の主体とし，条約の理念をインクルージョンとした。

×2 1982（昭和 57）年，第 37 回国連総会で障害者に関する世界行動計画が採択され，そのガイドラインにて障害の予防，リハビリテーション，機会均等化の概念が整理された。

×3 UNESCO（国際連合教育科学文化機関）のサラマンカ宣言と行動大綱において，共生社会の形成に向けて，インクルージョンの原則，万人のための学校の必要性を表明している。

×4 障害者の権利に関する条約（障害者権利条約）の第 2 条において「『合理的配慮』とは，障害者が他の者との平等を基礎として全ての人権及び基本的人権を享有し，又は行使することを確保するための必要かつ適当な変更及び調整」と定義している。

合理的配慮とは，障害のある人が社会の中で出会う困りごと，障壁を取り除くための調整や変更のこと。

○5 1981（昭和 56）年の国際障害者年のテーマは，完全参加と平等であり，ノーマライゼーションの理念に基づくものである。

問題 5　解答：3

×1 障害者差別解消法では，障害者を対象としている。障害者の定義を「身体障害，知的障害，精神障害（発達障害を含む）その他の心身の機能の障害がある者であって，障害及び社会的障壁により継続的に日常生活又は社会生活に相当な制限を受ける状態にあるもの」と定めており，身体障害者手帳を持っている人に限定していない。

×2 差別的取扱いの禁止について，国・地方公共団体，民間事業者ともに法的義務としている。

○3 合理的配慮の提供については，民間事業者にも義務づけられている。

2021（令和3）年5月の障害者差別解消法改正により民間事業者にも義務づけられた。

×4 合理的配慮の提供に努めることが求められているのは事業者である。

×5 雇用の分野における障害を理由とする差別の解消について定めているのは，障害者の雇用の促進等に関する法律（障害者雇用促進法）である。

問題6 解答：3

×1 漢字を読むことが苦手な**C**さんに対し，本人の申し出に応じてふりがな付きの資料を提供することは合理的配慮である。

×2 **C**さんは多くの人が集まる場所が苦手なので，その求めに応じて空いている時間帯を教えるのは合理的配慮である。

○3 歩行可能な**C**さんを求められていないのに，正当な理由なく車いすに座らせるのは不当な差別的取扱いにあたる。転倒のリスクが高い場合は本人に説明し，車いす利用の同意を得なければならない。

×4 本人からの求めに応じて乗車の手伝いをするのは合理的配慮である。

×5 知的障害があるからと，付き添いの親だけに聞き取りを行うのは不当な差別的取扱いにあたるが，設問では**C**さんにも質問をしているため対応に問題はない。

ココトレ 障害者差別解消法

障害者への「不当な差別的取扱い」と「合理的配慮」を整理しよう！

	不当な差別的取扱い	障害者への合理的配慮
国の行政機関 地方公共団体	禁止	義務
民間事業者 （※個人事業者，NPOを含む）	禁止	努力義務→義務 （2021年改正より）

4-3 障害者福祉に関する理念

解説動画

問題 7　解答：5

× 1 地域包括ケアの理念についての説明である。

× 2 インフォーマルサポートネットワークの説明である。

× 3 インテグレーションの説明である。インテグレーションは「統合」という意味をもつ。

× 4 ノーマライゼーションの説明である。デンマークのバンク-ミケルセン（Bank-Mikkelsen, N. E.）によって提唱された。

○ 5 ソーシャルインクルージョンの説明である。障害者や高齢者だけでなく，ひきこもり，ホームレス，外国籍の人など，あらゆる人が包み込まれて共に生きる社会のあり方を示している。

> ノーマライゼーションやインテグレーションは，障害者と障害のない人を対象とした考えであったのに対し，インクルージョンはあらゆる人を対象としている。

問題 8　解答：1

○ 1 スウェーデンのニィリエ（Nirie, B.）は，ノーマライゼーションの理念を 8 つの側面に構造化した。

× 2 大規模な施設での隔離主義を批判する立場にあるのがノーマライゼーションである。

> ノーマライゼーションはデンマークのバンク-ミケルセン（Bank-Mikkelsen, N. E.）によって提唱された。

× 3 ソーシャルロール・バロリゼーションは，アメリカのヴォルフェンスベルガー（Wolfensberger, W.）が提唱した原理。価値のある社会的役割の獲得を目指したものである。

× 4 完全参加と平等は，1981（昭和 56）年の国際障害者年のテーマである。

× 5 自由・平等の原理は 1976 年のアメリカ独立宣言，1789 年のフランス人権宣言で提唱された。

問題9　解答：2

×1 利用者のもっている長所（その他，意欲や能力，希望など）に着目して支援を行うのはストレングスである。

○2 利用者が自らの力を自覚して行動できるよう支援することをエンパワメントという。

×3 全人間的復権を目指して支援する活動をリハビリテーションという。

×4 利用者の権利を代弁・擁護する機能をアドボカシーという。

×5 利用者の自己決定を尊重する支援のことを意思決定支援という

ココトレ ノーマライゼーションの８つの原理

ニィリエ（Nirie, B.）が示すノーマライゼーションの８つの原理をチェックしよう！

①１日のノーマルなリズム

②１週間のノーマルなリズム

③１年間のノーマルなリズム

④ライフサイクルにおけるノーマルな発達的経験

⑤ノーマルな個人の尊厳と自己決定権

⑥その文化におけるノーマルな性的関係

⑦その社会におけるノーマルな経済的水準とそれを得る権利

⑧その地域におけるノーマルな環境形態と水準

4-4 障害福祉計画

解説動画

問題 10　解答：2

× 1 障害者総合支援法では，厚生労働大臣は障害福祉サービスおよび相談支援並びに市町村および都道府県の地域生活支援事業の提供体制を整備し，自立支援給付および地域生活支援事業の円滑な実施を確保するための基本的な指針を定めるものとされている。

○ 2 障害者総合支援法では，都道府県に対し，基本指針に即して都道府県障害福祉計画を定めるよう義務づけている。

× 3 障害者総合支援法では，市町村に対し，基本指針に即して市町村障害福祉計画を定めるよう義務づけている。

都道府県，市町村いずれも障害福祉計画の策定が義務づけられている。

× 4 障害福祉計画と障害児福祉計画の計画期間は，いずれも 3 年である。

× 5 文化芸術活動・スポーツの振興についての目標は，障害者基本法に基づいて策定される障害者基本計画で定められている。

問題 11　解答：3

× 1 障害福祉計画の根拠法は障害者総合支援法である。

× 2 障害福祉計画の期間は 3 年となっている。

○ 3 厚生労働大臣が示す基本指針では，障害福祉施策に関する基本事項や成果目標等を定めている。

× 4 第 5 期障害福祉計画および第 1 期障害児福祉計画の基本方針として，新たに障害児支援の提供体制の整備が規定された。

× 5 第 1 期障害福祉計画が開始されたのは 2006（平成 18）年度，第 1 期障害児福祉計画が開始されたのは 2018（平成 30）年度であり，異なる。

問題12　解答：1

○1　第6期障害福祉計画期間（2021（令和3）～2023（令和5）年度）における成果目標として，福祉施設の入所者の地域生活への移行があげられている。ノーマライゼーションを実現するためには，障害者が福祉施設から地域生活に移行し，普通の生活をしていくことが求められる。

×2，×3，×4，×5

第6期障害福祉計画において，基本指針見直しの主なポイントとしてあげられているものであり，成果目標ではない。

ココトレ　第6期障害福祉計画期間における成果目標

①福祉施設の入所者の地域生活への移行
②精神障害にも対応した地域包括ケアシステムの構築
③地域生活支援拠点等が有する機能の充実
④福祉施設から一般就労への移行等
⑤障害児支援の提供体制の整備等
⑥相談支援体制の充実・強化等
⑦障害福祉サービス等の質を向上させるための取組に係る体制の構築

4-5 障害者総合支援制度（自立支援給付 1）

問題 13　解答：4

× 1，× 2，× 3，○ 4，× 5

障害者総合支援法に，利用者負担について規定されている。障害福祉サービスを利用したときは，原則 1 割，所得をふまえた利用者負担金を 1 か月単位で支払う（応能負担）。

受けたサービスの量に応じて定率を負担するしくみを応益負担という。

問題 14　解答：4

× 1　重度の知的障害者であれば対象である。

× 2　視覚障害は，重度訪問介護の対象となる障害ではない。

× 3　外出時の移動中の介護は，重度訪問介護に含まれる。

○ 4　利用の際に，重度訪問介護の従業者が障害者と意思疎通を行うなど，市町村が必要性を認める場合は，重度訪問介護と訪問看護の同時利用が可能となる。

× 5　重度訪問介護を利用している利用者が医療機関に入院している場合，障害支援区分 6 であれば，利用者が病院の職員と意思疎通を図るための支援等ができる。

重度訪問介護は，重度の肢体不自由者や重度の知的障害または精神障害によって行動に著しい困難があり，常時介護を必要とする者に，居宅で入浴，排せつ，食事等の介護，調理，洗濯，掃除などの家事，外出時の移動中の介護，生活全般の相談・助言などの援助を行うサービス。

問題 15　解答：4

× 1　短期入所サービスは障害支援区分 1 以上の人が利用できる。

× 2　短期入所サービスは，介護者のレスパイト（休息）としても利用することができる。

× 3　入所中は入浴，排せつ，食事の介護その他必要な支援が受けられる。

機能訓練が行われるのは通所で利用する療養介護である。

○ 4 短期入所サービスには福祉型と医療型がある。福祉型は障害者支援施設，医療型は病院・診療所および介護老人保健施設，介護医療院において実施される。D さんの場合，人工呼吸器や胃ろう等の医療的ケアを行う医療型ではなく，福祉型に該当する。

× 5 短期入所サービスは，短期間の入所中，日中・夜間を通して，入浴・排せつ・食事等の介護が行われるサービスである。日中サービス，夜間サービスのどちらにも分類されない。

ココトレ 介護給付と訓練等給付の一覧

介護給付	訪問系サービス	居宅介護（ホームヘルプ）	自宅での介護等
		重度訪問介護	重度の肢体不自由者，知的障害者，精神障害者が対象。自宅で介護等を行うほか，外出時の移動支援，入院時の支援等を行う
		同行援護	視覚障害により，移動に著しい困難を有する者に対する外出時の情報提供や介護を行う
		行動援護	自己判断能力が制限されている者が行動するときに危険を回避するための支援，外出支援を行う
		重度障害者等包括支援	重度障害者に居宅介護等複数のサービスを包括的に行う
	日中活動系サービス	短期入所（ショートステイ）	自宅で介護を行う者が病気等の場合に，短期間，施設で介護等を行う
		療養介護※	医療機関で機能訓練，療養上の管理，看護，介護および日常生活上の世話を行う
		生活介護	昼間に介護等を行うとともに，創作活動または生産活動の機会を提供する
	施設系サービス	施設入所支援	施設入所者に介護等を行う

訓練等給付	居住支援系サービス	自立生活援助	定期的な居宅訪問や随時の対応により必要な支援を行う
		共同生活援助 (グループホーム)	共同生活を行う住居で，相談，介護，日常生活上の世話を行う
	訓練系・就労系サービス	自立訓練 (機能訓練)	一定期間，身体機能の維持，向上のために必要な支援を行う
		自立訓練 (生活訓練)	一定期間，生活能力の維持，向上のために必要な支援，訓練を行う
		就労移行支援	一般企業等への就労を希望する者に，一定期間，就労に必要な知識および能力の向上のために必要な訓練を行う
		就労継続支援 (A 型)	一般企業等での就労が困難な者に，雇用して就労する機会を提供するとともに，能力等の向上のために必要な訓練を行う
		就労継続支援 (B 型)	一般企業等での就労が困難な者に，就労する機会を提供するとともに，能力等の向上のために必要な訓練を行う
		就労定着支援	一般就労に移行した者に，就労に伴う生活面の課題に対応するための支援を行う

※療養介護のうち医療にかかるものを療養介護医療として提供。

出典：障害福祉サービス等の体系（介護給付・訓練等給付）（厚生労働省）より改変

4-6 障害者総合支援制度（自立支援給付 2）

解説動画

問題 16　解答：3

× 1　精神科病院等の医療機関を退院した者で，障害に起因する疾病等により入院していた者も含まれる。ただし，退院等から3か月以内の者に限る。

× 2　標準利用期間は1年間であるが，利用期間終了後は市町村審査会における個別審査を経て，必要性が適当と認められる場合には更新が可能。

○ 3　自立生活援助事業所は，利用者の状況に応じて，携帯電話等により直接利用者またはその家族等との常時の連絡体制を確保しなければならない。

× 4　家族による支援が見込めないため，実質的に一人暮らしと同様の状況であり，自立生活援助による支援が必要な者が対象であることから，障害者同士で結婚している場合も対象に含まれる。

× 5　地域定着支援は，居宅において単身で生活する障害者や，居宅において同居している家族等が障害・疾病等のため緊急時等の支援が見込まれない状況にある障害者を対象としている。常時の連絡体制を確保し，適宜居宅への訪問等を行い利用者の状況を把握することや障害特性に起因して生じた緊急事態における相談等の支援，関係機関との連絡調整や一時的な滞在による支援がサービス内容として提供される。自立生活援助の支援内容と重複することから，自立生活援助との併給は認められない。

問題 17　解答：4

× 1　自立訓練（生活訓練）は，自立した日常生活または社会生活ができるよう，一定期間，生活能力の維持・向上のために必要な支援，訓練を行う。**E** さんに就労する機会を提供することはできない。

× 2　就労移行支援は，一般企業への就労を希望する者に一定期間，就労に必要な知識および能力の向上のために必要な訓練を行う。**E** さんは一般企業への就労を難しいと感じており，適切ではない。

× 3 就労継続支援A型は，一般企業での就労が困難な者に雇用して就労する機会を提供するとともに，能力等の向上のために必要な訓練を行う。**E**さんは，体調に応じて自分のペースで働くことを希望しているため適切ではない。

○ 4 就労継続支援B型は，一般企業での就労が困難な者に就労する機会を提供するとともに，能力等の向上のために必要な訓練を行う。**E**さんの体調に応じて，自分のペースで働きたいという希望に合っている。

雇用はA型，非雇用はB型。

× 5 就労定着支援は，一般就労に移行した者に，就労に伴う生活面の課題に対応するための支援を行う。**E**さんは一般就労に移行していないため適切ではない。

問題18　解答：3

× 1 療養介護の利用対象は，障害支援区分5以上の者なので，障害支援区分3の**D**さんは利用できない。

× 2 重度訪問介護の利用対象は，障害支援区分4以上の者なので，**D**さんは利用できない。

○ 3 居宅介護の利用対象は，障害支援区分1以上の者なので，**D**さんが利用できるサービスである。

× 4 同行援護は，視覚障害により著しい困難を有する障害者等につき，外出時において同行し，必要な情報を提供するとともに移動の援護その他の外出支援を行う。障害支援区分の認定を必要としないが，**D**さんに視覚障害はないので利用することはできない。

× 5 行動援護の利用対象は，障害支援区分3以上で，知的障害または精神障害によって行動上著しい困難があり，常時介護を必要とする者と定められているので，**D**さんは利用できない。

ココトレ 障害支援区分と利用できるサービス

サービス	非該当	区分1	区分2	区分3	区分4	区分5	区分6
居宅介護（ホームヘルプ）	×	○	○	○	○	○	○
重度訪問介護	×	×	×	×	○	○	○
同行援護	×	×	×	×	×	×	×
行動援護	×	×	×	○	○	○	○
重度障害者包括支援	×	×	×	×	×	×	○
短期入所	×	○	○	○	○	○	○
療養介護	×	×	×	×	×	1※	○
生活介護	×	×	2※	×	×	×	×
施設入所支援	×	×	×	3※	○	○	○

1※：筋ジストロフィー患者，重症心身障害は区分 5 でも利用可能。

2※：50 歳以上は区分 2 でも利用可能。

3※：50 歳以上は区分 3 でも利用可能。

4-7 障害者総合支援制度（自立支援給付 3）

問題 19　正解：2

×1　介護給付費は，支援を要する度合いが一定以上の者が，生活上または療養上の必要な介護を受けたときに支給されるものである。

○2　補装具費は，補装具の購入（一部貸与）または修理について支給されるものであり，座位保持装置も支給対象に含まれている。

補装具とは，障害者の身体の欠損または損なわれた身体機能を補完・代替する用具。

×3　日常生活用具給付等事業は，身体障害者（児），知的障害者（児），精神障害者，難病患者等に対し，自立生活支援用具等の日常生活用具を給付または貸与する事業である。座位保持装置は含まれていない。

×4　訓練等給付費は，施設などにおいて，リハビリテーションや就労につながる支援を受けたときに支給されるものである。

×5　相談支援給付費は，地域相談支援や計画相談支援などを受けたときに支給されるものである。

問題 20　解答：1

○1，×2，×3，×4，×5

選択肢１の補聴器は「障害者総合支援法」における補装具の種目。２の特殊寝台，３の入浴補助用具，４の点字器，５のストーマ装具は，いずれも市町村地域生活支援事業の１つである日常生活用具給付等事業によって給付・貸与される用具である。

問題 21　正解：3

×1 義肢・装具は補装具の対象である。義肢とは，病気やけが等により手足を失った者が装着する器具であり，装具とは，病気やけが等により機能が低下した体の各部位に対して，治療や症状の軽減を目的として装着する器具である。

×2 歩行器は補装具の対象であり，自立歩行が難しい者の歩行を補助する。

◯3 補聴器は補装具の対象である。補聴器とは，難聴による聴こえの問題を解決することを目的とした音の増幅器で，その形状は多種多様である。

×4 ネブライザーは日常生活用具の対象である。ネブライザーとは，喘息治療などの薬液を霧化して気管支や肺に送るための医療機器である。

×5 ストーマ装具は日常生活用具の対象である。ストーマとは，腹部に作られた人工膀胱や人工肛門のことで，ストーマ装具はパウチなどストーマから排せつされる尿や便を貯留するための装具のことである。

ココトレ 補装具の種目

①義肢
②装具
③座位保持装置
④視覚障害者安全つえ
⑤義眼
⑥眼鏡
⑦補聴器
⑧人工内耳（人工内耳用音声信号処理装置の修理に限る）
⑨車いす
⑩電動車いす
⑪座位保持いす（身体障害児のみ）
⑫起立保持具（身体障害児のみ）
⑬歩行器
⑭頭部保持具（身体障害児のみ）
⑮排便補助具（身体障害児のみ）
⑯歩行補助つえ
⑰重度障害者用意思伝達装置

4-8 障害者総合支援制度（地域生活支援事業）

問題 22　解答：1

○ 1　都道府県地域生活支援事業には必須事業として5事業と任意事業が，市町村地域生活支援事業には必須事業として10事業と任意事業がある。

× 2　移動支援事業は，市町村が行う。屋外での移動が困難な障害者に対して，外出のための支援を行う。

× 3　理解促進研修・啓発事業は，市町村が行う。障害者等に関する理解を深めるための研修や啓発を行う。

× 4　専門性の高い相談支援事業は，都道府県が行う。発達障害者支援センター運営事業や障害者就業・生活支援センター事業などがある。

× 5　サービス・相談支援者，指導者育成事業は，都道府県が行う。相談支援従業者研修事業やサービス管理責任者研修事業などがある。

問題 23　解答：1

○ 1，× 2，× 3，× 4，× 5

選択肢1の移動支援事業とは，屋外での移動が困難な障害者等の外出を支援する事業であり，必須事業にあてはまる。選択肢2，3，4，5は，市町村地域生活支援事業の任意事業の日常生活支援にあたる事業である。

> 必須事業は，障害者等の生活を支援していくうえで必要な事業。任意事業は，市町村の判断により，障害者等の自立した日常生活や社会生活を実現していくうえで必要になる事業。

問題24　解答：5

×1，×2，×3，×4，○5

選択肢1，2，3，4は，都道府県が行う地域生活支援事業の任意事業である。その他の任意事業として，福祉ホームの運営，オストメイト（人工肛門，人工膀胱造設者）社会適応訓練事業などがある。選択肢5の専門性の高い相談支援事業は，都道府県が行う地域生活支援事業の必須事業である。発達障害，高次脳機能障害に関するものなど，特に専門性の高い相談について必要な情報提供等を行う。その他の必須事業として，専門性の高い意思疎通支援を行う者の養成研修事業，専門性の高い意思疎通訓練を行う者の派遣事業，意思疎通支援を行う者の派遣にかかる市町村相互間の連絡調整事業，広域的な支援事業がある。

都道府県は専門性の高い事業，人材育成や都道府県内の広域な事業を担う。

市町村地域生活支援事業

必須事業		①理解促進研修・啓発事業 ②自発的活動支援事業 ③相談支援事業 (1) 基幹相談支援センター等機能強化事業 (2) 住宅入居等支援事業（居住サポート事業） ④成年後見制度利用支援事業 ⑤成年後見制度法人後見支援事業 ⑥意思疎通支援事業 ⑦日常生活用具給付等事業 ⑧手話奉仕員養成研修事業 ⑨移動支援事業 ⑩地域活動支援センター機能強化事業
任意事業	日常生活支援	①福祉ホームの運営 ②訪問入浴サービス ③生活訓練等 ④日中一時支援 ⑤地域移行のための安心生活支援 ⑥障害児支援体制整備 ⑦巡回支援専門員整備 ⑧相談支援事業所等（地域援助事業者）における退院支援体制確保
	社会参加支援	①スポーツ・レクリエーション教室開催等 ②文化芸術活動振興 ③点字・声の広報等発行 ④奉仕員養成研修 ⑤自動車運転免許取得・改造助成
	権利擁護支援	①成年後見制度普及啓発 ②障害者虐待防止対策支援
	就業・就労支援	①盲人ホームの運営 ②重度障害者在宅就労支援（バーチャル工房支援） ③更生訓練費支給 ④知的障害者職親委託

4-9 障害者総合支援制度の利用

解説動画

問題 25　解答：1

○1，×2，×3，×4，×5

障害者総合支援法の介護給付を利用するときは，最初に市町村の窓口へ支給申請を行うことが求められる。その後，障害支援区分の認定調査が実施され，障害支援区分の認定を受ける。相談支援員が作成するサービス等利用計画案などをふまえ，支給要否決定がされる。支給決定された後は，サービス担当者会議が開催され，実際に利用するサービス等利用計画に基づき，サービス利用が開始される。

> **訓練等給付のみを希望する場合，共同生活援助の一定のサービス利用申請をする場合を除き，障害支援区分の認定は必要ない。**

問題 26　解答：1

○1　障害福祉サービスの利用申請窓口は，すべて市町村である。

> **サービスを利用するには申請が必要（申請主義）。介護給付利用の場合は，支給決定のために障害支援区分の認定が必要。**

×2　訓練等給付の利用についても市町村への申請が必要である。

> **支給決定のための障害支援区分の認定は必要ない。**

×3　補装具の利用についての申請窓口は，介護給付と同様に市町村である。また，地域生活支援事業の利用についても市町村に申請する。

×4　自立支援医療である育成医療，更生医療および精神通院医療の利用申請窓口は市町村である。また，育成医療，更生医療の実施主体は市町村であるが，精神通院医療の実施主体は都道府県・政令市・中核市である。

×5　市町村の相談支援事業所にサービス利用の相談や申請代行の依頼をすることもできる。

問題 27　解答：5

× 1　地域包括支援センターは，介護保険法に基づき市町村に設置される機関である。

× 2　同行援護を利用できるか，同行援護アセスメント調査票による調査を受け，条件を満たしているかの審査が必要になる。ただし，最初の手続きではない。

× 3　事業所と契約するのは，障害支援区分の認定を受けた後，障害福祉サービスの支給決定がなされた後となる。

× 4　市町村審査会は，障害支援区分の認定の際に二次判定を行う機関である。サービス利用の申請を受け付ける窓口ではない。

○ 5　障害福祉サービスを利用するときは，まず市町村の窓口に申請し，障害支援区分の認定を受ける必要がある。居住する市町村の担当窓口に障害福祉サービスの支給申請をすることは，最初の手続きとして最も適切である。

障害者総合支援法において，介護給付を希望する場合の最初の手続きとして，市町村への支給申請をしなければならないと規定されている。

ココトレ 障害福祉サービスの利用手続き

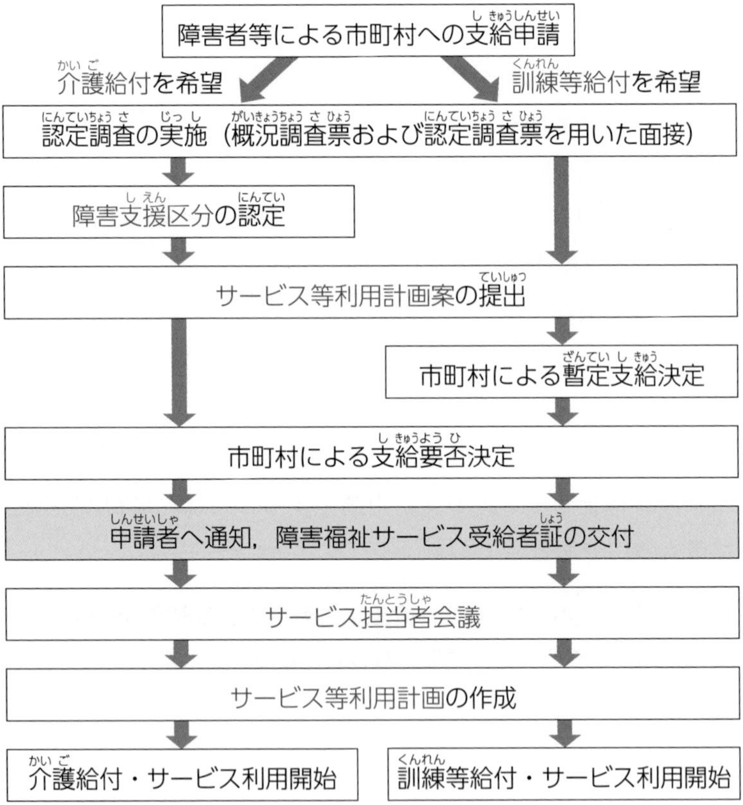

障害者等による市町村への支給申請

介護給付を希望 / 訓練等給付を希望

認定調査の実施（概況調査票および認定調査票を用いた面接）

障害支援区分の認定（介護給付の場合）

サービス等利用計画案の提出

市町村による暫定支給決定（訓練等給付の場合）

市町村による支給要否決定

申請者へ通知，障害福祉サービス受給者証の交付

サービス担当者会議

サービス等利用計画の作成

介護給付・サービス利用開始 / 訓練等給付・サービス利用開始

4-10 障害者総合支援制度（組織や団体の役割）

解説動画

問題 28　解答：4

× 1 協議会は，障害者総合支援法に規定される機関で，障害者等への支援の体制の整備を図るため，関係機関や関係団体，障害者等およびその家族ならびに障害者等の福祉，医療，教育，雇用に関連する職務の従事者等によって構成される。

× 2 基幹相談支援センターは，障害者総合支援法に規定される機関で，地域における相談支援の中核的な役割を担っている。

× 3 サービス担当者会議は，障害福祉サービスの種類や支給量に基づいてサービス等利用計画を作成するために，指定特定相談支援事業者により開催される。障害支援区分を判定する組織ではない。

○ 4 市町村審査会は，障害者総合支援法に規定される，障害者等の障害支援区分に関する審査・判定を行う機関である。

市町村審査会は，必要に応じて本人やその家族，医師，その他の関係者の意見を聞くことができる。

× 5 指定特定相談支援事業者は，サービス等利用計画案を作成する。

問題 29　解答：4

× 1 地域包括支援センターは，高齢福祉分野で，住民の保健医療や福祉の増進を包括的に支援することを目的として，介護予防支援および包括的支援事業を担う。

× 2 居宅介護支援事業所は，要介護者が介護サービス等を利用できるよう，介護支援専門員（ケアマネジャー）が介護サービス計画（ケアプラン）の作成やモニタリングを行い，サービス提供事業所等と連絡調整を図る機関である。

× 3 計画相談支援事業所は，障害者が障害福祉サービスを利用できるよう，相談支援専門員がサービス等利用計画の作成やモニタリングを行い，サービス提供事業所等と連絡調整を図る機関である。

○4 基幹相談支援センターは，地域の障害者相談支援の中核的な役割を担う機関である。

×5 地域生活支援拠点等は，障害者の重度化・高齢化や「親が亡くなった後」に備えつつ地域移行を推進するため，重度障害者に対応する専門性をもって障害者やその家族の緊急事態への対応を図るものである。居住支援のための機能を果たすことが期待される。

問題30　解答：5

×1 協議会の構成員は，関係機関，関係団体，障害者等およびその家族，障害者等の福祉・医療・教育・雇用に関連する職務に従事する者，その他の関係者である。

障害者等およびその家族も構成員になれる。

×2 身体障害者手帳は，身体障害者福祉法に基づき，都道府県，指定都市または中核市において障害の認定や交付の事務が行われている。

×3 相談支援専門員は，都道府県知事や市町村長が指定した特定相談支援事業者や一般相談支援事業者に配置される。

協議会に特定の職員の配置要件は規定されていない。

×4 協議会は，地方公共団体が単独または共同で置くように努めなければならないと規定されている。

○5 障害者総合支援法に「関係機関等が相互に連絡を図ることにより，地域における障害者等への支援体制に関する課題について情報を共有し，関係機関等の連携の緊密化を図るとともに，地域の実情に応じた体制の整備について協議を行うものとする」と規定されている。

ココトレ 障害支援区分が決まるまでの流れ

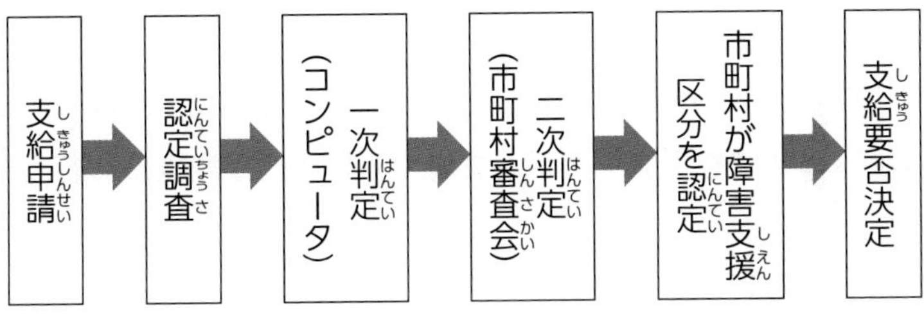

4-11 障害者総合支援制度（専門職の役割）

解説動画

問題 31　解答：5

× 1　障害支援区分の審査判定は，市町村審査会が行う。6 段階の障害支援区分の判定を中立・公正な立場で，専門的な観点から行う市町村の機関である。

× 2　個別支援計画の作成は，障害福祉サービス事業所に配置されているサービス管理責任者が行う。

× 3　同行援護は，視覚障害により著しい困難を有する障害者等につき，外出時において同行し，必要な情報を提供するとともに移動の援護その他の外出支援を行うものである。

× 4　就労移行支援は，障害者総合支援法に基づく就労支援事業の 1 つ。就労支援員や事業所の職業指導員などによって行われる。

○ 5　相談支援専門員の業務として地域相談支援がある。障害者が施設や病院を出て地域生活に移行するための地域移行相談支援と，すでに地域で生活している障害者に対する地域定着相談支援を行う。

その他，基本相談支援，計画相談支援，障害児相談支援等の業務がある。

問題 32　解答：4

× 1　看護師は，傷病もしくはじょく婦に対する療養上の世話または診療の補助を行う。救急救命処置を行うのは救急救命士である。

× 2　社会福祉士は，専門的な知識と技術をもって，障害者や高齢者等の福祉に関する相談に応じ，助言，指導を行うとともに，福祉サービス関係者等との連絡調整などの援助を行う。心身の状況に応じた介護を行うのは介護福祉士である。

× 3　精神保健福祉士は，精神障害者の地域相談支援の利用に関する相談，社会復帰に関する相談に応じ，助言指導，日常生活への適応のために必要な訓練その他の援助を行う。心理状態の観察やその結果の分析は公認心理士や臨床心理士が行う。

○ 4 言語聴覚士は，音声機能，言語機能または聴覚に障害のある者について，言語訓練その他の訓練のほか，必要な検査および助言，指導その他の援助を行う。

言語聴覚士は，聴覚検査や嚥下訓練も行う。

× 5 義肢装具士は，義肢および装具の装着部位の採型ならびに，義肢および装具の制作および身体への適合を行う。生命維持管理装置の操作を行うのは，臨床工学技士である。

問題 33　解答：2

× 1 相談支援専門員は，相談支援事業所で障害者やその家族からの相談を受け，支給決定プロセスなどの紹介やサービス等利用計画の作成等を行う。障害支援区分の認定は市町村が行う。

○ 2 職場適応援助者（ジョブコーチ）は，障害者が職場に適応できるよう，職場に出向いて直接支援を行う。

× 3 生活支援員は，利用者の日常的な生活支援や施設への入退所の手続き，家族との連絡調整等を行う。サービス等利用計画の作成を行うのは，相談支援専門員である。

× 4 サービス管理責任者は，療養介護，共同生活援助，自立訓練，生活介護，就労移行支援，就労継続支援等の事業所に配置され，各利用者の個別支援計画の作成や他の支援サービスにかかわる担当者との連絡調整，サービス提供者の指導等を行う。居宅介護計画の作成を行うのは，サービス提供責任者である。

× 5 サービス提供責任者は，居宅介護事業所のほかに重度訪問介護，行動援護，同行援護等の事業所に配置され，各利用者の居宅介護計画を作成する。個別支援計画の作成を行うのは，各事業所のサービス管理責任者である。

ココトレ 連携が必要な職種

医療関係職種	医師，歯科医師，薬剤師，看護師，保健師，助産師，理学療法士（PT），作業療法士（OT），言語聴覚士（ST），栄養士，管理栄養士，公認心理士，臨床心理士，視能訓練士（ORT），義肢装具士　など
福祉関係職種	社会福祉士，介護福祉士，精神保健福祉士，医療ソーシャルワーカー（MSW），手話通訳士　など
その他	家族，友人，民生委員・児童委員，ボランティア　など

4-12 精神障害者の入院制度（精神保健福祉法）

解説動画

問題 34　解答：2

×1 任意入院とは，本人の同意に基づく入院である。

本人から退院の申し出があった場合，病院側には退院させることが義務づけられている。

○2 医療保護入院とは，精神保健指定医が入院の必要を認め，家族等の同意に基づいて行う入院である。

自傷他害のおそれは要件とされない。

×3 応急入院とは，急速を要し，家族等の同意を得ることができない場合に，精神保健指定医の診察を経て，72 時間を限度に強制入院させるものである。

×4 措置入院とは，2 名以上の精神保健医の診察結果が一致し，自傷他害のおそれが認められる場合に，都道府県知事の権限により強制入院させるものである。

×5 緊急措置入院とは，急速を要し，通常の手続きをふむことができない場合に，精神保健指定医の診察を経て 72 時間を限度に強制入院させるものである。

問題 35　解答：4

×1 **C** さんの同意による入院は，任意入院である。

×2 精神保健指定医 2 名以上の診察の結果が，入院させなければ自傷他害のおそれがあると一致した場合の入院形態は，措置入院である。

×3 精神保健指定医 1 名が診察し，入院させなければ自傷他害のおそれがあると判断し，72 時間を限度とした入院形態は，緊急措置入院である。

○4 精神保健指定医 1 名が診察し，**C** さんの同意はないが，家族等の同意があった場合の入院形態は，医療保護入院である。

× 5　精神保健指定医1名が診察し，Cさんの同意がなく，さらに家族等の同意が得られないため72時間を限度とした入院形態は，応急入院である。

精神科病棟への入院形態は，任意入院，措置入院，緊急措置入院，医療保護入院，応急入院の5つ！

問題36　解答：4

× 1　任意入院とは，本人の同意に基づく入院である。

× 2　医療保護入院とは，精神保健指定医が入院の必要を認め，家族等の同意に基づいて行われる入院である。

家族等：配偶者，親権者，扶養義務者，後見人，保佐人。家族等がない場合，市町村長の同意により入院可能。

× 3　応急入院とは，急速を要し，家族等の同意を得ることができない場合に，精神保健指定医の診察を経て，72時間を限度に強制入院させるものである。

○ 4　措置入院とは，2名以上の精神保健医の診察結果が一致し，自傷他害のおそれが認められる場合に都道府県知事の権限により強制入院させるものである。Bさんには，自傷行為や両親への暴力行為がみられ，精神保健指定医2名の診察の結果が一致し，都道府県知事の措置により入院となった。この場合の入院形態は措置入院である。

× 5　緊急措置入院とは，急速を要し，通常の手続きをふむことができない場合に，精神保健指定医の診察を経て72時間を限度に強制入院させるものである。

ココトレ 精神科病院の入院形態（精神保健福祉法）

任意入院	本人の同意に基づく入院
措置入院	2名以上の精神保健医の診察結果が一致し，自傷他害のおそれが認められる場合に都道府県知事の権限により強制入院させるもの
緊急措置入院	急速を要し，通常の手続きをふむことができない場合に，精神保健指定医の診察を経て72時間を限度に強制入院させるもの
医療保護入院※	精神保健指定医が入院の必要を認め，家族等の同意に基づく入院
応急入院	急速を要し，家族等の同意を得ることができない場合に，精神保健指定医の診察を経て，72時間を限度に強制入院させるもの

※精神保健福祉法の改正により，2024（令和6）年4月1日から医療保護入院については，家族などの同意・不同意がなくても，市町村長の同意で行うことが可能となる予定。

5-1 高齢者虐待防止法，障害者虐待防止法

解説動画

問題 1　解答：4

× 1 高齢者虐待防止法第 2 条で対象を「高齢者」としており，施設の利用は関係しない。

× 2 同法では「養護者による高齢者虐待」と「養介護施設従事者等による高齢者虐待」に関する虐待の定義がされている。「誰が，誰に」であり，場所に関する規定はない。

× 3 場面や理由に関係なく，利用者の運動を制限し移動の自由を奪う行為は身体拘束である。ただし施設等で「緊急やむを得ない場合」は，身体拘束が虐待とならない場合もある。

○ 4 同法に「速やかに，これを市町村に通報しなければならない」と定められている。

× 5 高齢者虐待の判断・対応を行うのは市町村。必要に応じて警察などに協力を求める場合もある。

虐待防止法は高齢者，障害者，児童の 3 つ。高齢者と障害者の虐待は身体的，心理的，経済的，ネグレクト，性的の 5 つ。児童は経済的を除いた 4 つ。

問題 2　解答：1

○ 1 高齢者虐待防止法には，5 つの類型が規定されている。年金を勝手に使うなどの経済的虐待は，虐待の自覚がない場合もある。

× 2 養護者と養介護施設従事者の行う行為が対象。養護者とは，実際に養護している者であり，同居の家族も虐待の事実があれば処罰の対象になる場合がある。

× 3 虐待を発見した場合の通報先は，市町村。市は，地域包括支援センターなどへ業務委託ができる。

虐待の通報先は，高齢者は市町村のみ。障害者と児童は都道府県も含む。

× 4 虐待の事実確認は，通報を受けた市町村が行う。通報者に確認の義

務はない。

× 5 所轄の警察署長に援助を求めることができ，同意なく住居内に立ち入りをしても住居侵入罪等の罪を問われないが，ドアを破るなどの実力行使は認められていない。

問題3　解答：5

× 1 障害者虐待防止法における障害者（対象者）とは，障害者基本法の規定を指し，「身体障害者，知的障害者，精神障害者（発達障害を含む）その他の心身の機能の障害がある者」である。手帳制度は関係ない。

× 2「使用者」とは，障害者を雇用する事業主のこと。障害者が派遣労働者である場合，雇用主は派遣会社だが，この場合は，派遣元・派遣先のどちらの事業主も使用者に含まれる。

× 3 明らかな虐待行為を目撃した場合だけでなく，虐待を受けたと思われる障害者を発見した場合は，事実が確認できなくても通報する義務がある。

虐待を見つけた人には通報する義務がある。「されていそうだ」と思ったら通報する。ただ虐待された本人は黙っていてもよい。

× 4 暴行や身体拘束を行う等の身体的虐待，性的行為を強要する等の性的虐待，暴言を吐く，無視する等の心理的虐待，食事を与えない，世話をしない等の放棄・放置（ネグレクト），勝手に財産を処分する，金銭を渡さない等の経済的虐待の５つの虐待行為が規定されている。高齢者虐待防止法と同じ。

○ 5 障害者虐待の通報・届出を受け付けた市町村・都道府県の職員は，通報・届出をした者を特定させる情報を漏らしてはならない。

ココトレ 虐待防止法の比較

<table>
<tr><th>法律名</th><th>高齢者虐待防止法</th><th colspan="2">障害者虐待防止法</th><th>児童虐待防止法</th></tr>
<tr><td>成立年</td><td>2005（平成17）年</td><td colspan="2">2011（平成23）年</td><td>2000（平成12）年</td></tr>
<tr><td>対　象</td><td>養護者，施設従事者</td><td colspan="2">養護者，施設従事者，使用者</td><td>保護者</td></tr>
<tr><td>虐待内容</td><td>身体的，心理的，性的，経済的，ネグレクト</td><td colspan="2">身体的，心理的，性的，経済的，ネグレクト</td><td>身体的，心理的，性的，ネグレクト</td></tr>
<tr><td rowspan="2">通報先</td><td rowspan="2">市町村</td><td>養護者・施設従事者</td><td>使用者</td><td rowspan="2">市町村・都道府県</td></tr>
<tr><td>市町村</td><td>市町村・都道府県</td></tr>
</table>

5-2 個人情報保護法

解説動画

問題 4　解答：5

× 1，× 2，× 3，× 4，◯ 5

個人を特定できる情報はすべて個人情報である。氏名だけでも，一般的には特定の個人を識別可能なものと考えられるので，個人情報となる。業務上取得した個人情報は，本人の同意なしに第三者に提供してはならない。例外として，「警察からの捜査に関する照会」「裁判官からの令状」「弁護士会からの照会」など法令で認められている場合や命にかかわる場合（緊急時に連絡が必要になった家族の連絡先や過去の病歴等）などがある。なお 2023（令和 5）年 4 月現在，自治会長には，法令に基づく個人情報開示の権限は認められていない。

> 個人を特定できる情報はすべて個人情報。DNA や保険者番号は個人識別符号という個人情報。

問題 5　解答：2

× 1，◯ 2，× 3，× 4，× 5

個人情報保護法では，個人情報を取り扱う事業者に対して，本人の同意なしに必要以上の個人情報を取り扱うことを禁止しているが，①法令に基づく場合，②生命・身体・財産の保護のために必要がある場合，③公衆衛生の向上や児童の健全育成の推進のために特に必要がある場合，④国や地方公共団体などによる事務の遂行に協力する必要がある場合において，本人の同意を取ることが困難なときは，例外として本人や家族の同意が不要とされている。選択肢 2 は②にあたり，本人や家族への説明と同意が不要である。ほかの選択肢は，いずれも①～④にあたらない。

> 市役所が介護保険の手続きのために，主治医に診断書の提出を求めた場合，患者の同意を得ずに診断書を提出してよい。これは上記の①（介護保険法に基づく）にあたる。

問題6　解答：2

×1　個人情報保護法の「個人情報」とは①生存する個人の情報であって，特定の個人を識別できるもの，②個人識別符号が含まれるものを指す。特定の個人を識別できる映像や顔写真は個人情報である。

○2　本人の人種，社会的身分，健康診断等の結果，犯罪の経歴等を要配慮個人情報という。本人に対する不当な差別，偏見その他の不利益が生じないように，取扱いには特に配慮が必要とされる。

×3　本人から個人情報の開示を求められた場合，遅滞なく開示しなければならない。ただし，開示することで本人や他人の身体や生命，財産などを害するおそれがある場合などは，情報を開示しないことができる。

撮影されたデータに他の人が一緒に写っている場合など，自分の個人情報の開示請求であっても，他人の権利を侵す場合は認められないことがある。

×4　健康状態は要配慮個人情報である。本人の同意なしに第三者に伝えることはできない。

×5　社会福祉士及び介護福祉士法において，介護福祉士は業務上知りえた個人情報を正当な理由なく漏らしてはならない（秘密保持義務）と規定がある。退職後も同様である。

ココトレ 「個人情報」の定義

個人情報保護法第 2 条に「個人情報」が定義されている。

<table>
<tr><th colspan="2">種　類</th><th>例</th></tr>
<tr><td colspan="2">生存する個人の情報で，特定の個人を識別できる情報</td><td>氏名／生年月日／他の情報との照合により容易に特定の個人を識別できる情報など</td></tr>
<tr><td rowspan="2">生存する個人の情報で，個人識別符号が含まれるもの</td><td>身体の一部の特徴を電子計算機のために変換した符号</td><td>DNA ／顔／虹彩／声紋／歩行の態様／手指の静脈や指紋，掌紋など</td></tr>
<tr><td>サービス利用や書類で対象者ごとに割り振られる番号など</td><td>旅券番号／基礎年金番号／免許証番号／住民票コード／マイナンバー／各種保険証券番号など</td></tr>
<tr><td colspan="2">要配慮個人情報※</td><td>人種／信条／社会的身分／病歴／犯罪歴や犯罪被害の事実など</td></tr>
</table>

※他人に公開されることで，本人が不当な差別や偏見などの不利益を被らないよう，取扱いに特に配慮すべき情報。取得には，原則としてあらかじめ本人の同意が必要。

5-3 成年後見制度

解説動画

問題7　解答：4

×1　任意後見制度は，本人に十分な判断能力があるうちに，代理人（任意後見人）に自分の生活，財産管理について代理権を与える契約（任意後見契約）を結んでおくものである。**E** さんにはすでに判断力の低下がみられるため，この制度は使用できない。

×2　後見人は，精神障害（認知症・知的障害・自閉スペクトラム症等）により常に判断が難しい者に対して，すべての法律行為を代わって行ったり，必要に応じて取消したりすることができる。今回の **E** さんに関する申立ては10万円以上の買い物に限定されているため，後見人ではない。

×3，×5　日常生活自立支援事業において，専門員は面接や支援計画の作成，生活支援員は具体的な支援を行う。日常生活自立支援事業には日常的に必要な金銭管理も含まれるが，高額商品の購入などの重要な法律行為に対する同意や取消しはできない。

○4　成年後見制度における補助人は，精神上の障害により判断能力が不十分な者のうち，申立て時に選択した借金や訴訟といった重要な法律行為に対して，同意したり取消しを行ったりできる。補助人が法律行為の同意や取消しを行う場合は，本人の同意が必要となる。

日用品の購入の取消しは，どの役割の者も行えない。

問題8　解答：2

×1，○2，×3，×4，×5

2022（令和4）年の実績では，成年後見制度を利用しているケースで成年後見人，保佐人，補助人のいずれかに親族が選任されたケースが19.1%，親族以外の者が選任された場合が80.9%である。親族以外の内訳をみると第1位が司法書士の36.8%，第2位が弁護士の27.1%，第3位が社会福祉士の18.3%となっている。

親族が後見人になることは少ない。いちばん多いのは司法書士。

問題 9　解答：2

× 1　成年後見人の職務は，財産管理と身上監護の法律行為のみで，食事の世話などの介護は行わない。

◯ 2「成年後見関係事件の概況（令和 4 年 1 月～ 12 月）」（最高裁判所事務総局家庭局）によると，後見の申立てが 2 万 7,988 件と最も多く，次いで保佐 8,200 件，補助 2,652 件の順。

× 3　同資料によると親族後見人は全体の 19.1% で，親族以外の後見人（司法書士，弁護士，社会福祉士等）のほうが多い。

× 4　成年後見制度には任意後見と法定後見がある。任意後見制度は，利用者があらかじめ任意後見人を指定し，その後，利用者の判断能力低下が認められたとき家庭裁判所への申立てにより後見が開始する制度。申立てができるのは本人，配偶者，4 親等内の親族，市区町村長など。なお，法定後見制度では，候補者の中から家庭裁判所が成年後見人を選任する。

× 5　成年後見制度利用支援事業とは，成年後見制度を利用する際の必要経費を負担できない人のために，各市町村が，家庭裁判所への申立てにかかる費用や成年後見人への報酬などを助成する制度である。

最も多いのは法定成年後見人。近年の裁判所は専門職を後見人に選ぶ傾向が強く，専門職の選任数は 2000（平成 12）年では 8%であったが，2021（令和 3）年には 69%にまで大きく増加した。

ココトレ 法定後見制度の類型

	後見	保佐	補助
対象	判断能力が全くない	判断能力が著しく不十分	判断能力が不十分
申立てできる人	本人，配偶者，4親等内の親族，検察官，市区町村長など		
代理人に必ず与えられる権利	日常生活に関する行為を除く，財産管理についての全般的な代理権，取消権	日常生活に関する行為を除く，特定の事項※1についての同意権，取消権	—
申立てで与えられる権利	—	・日常生活に関する行為を除く，特定の事項※1以外の事項についての同意権，取消権 ・特定の法律行為※2についての代理権	・日常生活に関する行為を除く，特定の事項※1の一部についての同意権，取消権 ・特定の法律行為※2についての代理権

※1　特定の事項：預貯金の払い戻し，借金をすること，不動産の売却など。

※2　特定の法律行為：介護サービスの利用契約の締結・変更・解除および費用の支払い，福祉施設（有料老人ホームを含む）への入所に関する契約の締結・変更・解除および費用の支払い。

5-4 育児・介護休業法

解説動画

問題 10　解答：1

○ 1　育児・介護休業法における介護休業の対象家族には孫も含まれる。

介護休業の対象家族は，事実婚を含む配偶者，父母，子，配偶者の父母，祖父母，兄弟姉妹および孫。

× 2　育児・介護休業法では，パート，派遣社員，契約社員など雇用期間に期限がある労働者も，一定の要件を満たせば育児休業や介護休業を取得できるとしている。

× 3　介護休業は，対象家族 1 人につき 3 回まで（通算 93 日）を分割して取得できると定めている。

× 4　育児・介護休業法の前身は 1992（平成 4）年の育児休業法（育児休業等に関する法律）。その後，介護休業が制度化され 1995（平成 7）年に育児・介護休業法へと改正された。

× 5　育児休業中は雇用保険法に基づいて育児休業給付金が支給される（条件あり）。育児・介護休業法は雇用主に対して，育児休業中の給与支給を義務づけていない。

問題 11　解答：1

○ 1　育児休業期間は，2017（平成 29）年 10 月から，1 歳 6 か月に達した時点で保育所に入れない等の場合，最長 2 歳まで延長できるようになった。

育休は最大 2 年間。分割取得もできる。

× 2　配偶者が専業主婦（夫）でも，育児休業の取得が可能である。

× 3　子の看護休暇は，未就学の子を養育する労働者に対し，1 年に 5 日（未就学の子が 2 人以上の場合は 10 日）を限度として，1 時間単位で取得することができる。

× 4　介護休業とは，2 週間以上にわたり常時介護を必要とする状態の対象家族を介護するための休業である。

× 5 介護休業は，対象者1人に対して通算93日間取得できる。2017（平成29）年の改正で3回まで分割して取得できるようになった。

問題12　解答：5

× 1 配偶者の父親も介護休暇の対象となる。

× 2 同居・別居を問わず対象となる。

× 3 介護休暇は，対象家族が2人以上の場合も認められる。

× 4 労使協定で介護休暇の対象外にできるのは，勤続6か月未満，週の所定労働日数が2日以下の労働者である。**D**さんは雇用期間が6か月以上，週2日以上働いているため介護休暇取得の要件を満たす。

○ 5 対象家族が2人の場合は1年に10日まで認められる。

介護休暇は対象家族1人につき5日。2人以上の場合は何人でも10日。1時間単位で取得できる。

ココトレ　育児・介護休業制度

育児休業制度	育児休業制度	子が1歳（一定の場合は，最長で2歳）に達するまで（父母ともに育児休業を取得する場合（パパ・ママ育休プラス）は，子が1歳2か月に達するまでの間の1年間），申し出により取得できる。
	出生時育児休業（産後パパ育休）	子の出生後8週間以内に4週間まで，2回に分割して取得できる。
	子の看護休暇	小学校就学前までの子が1人であれば年5日，2人以上であれば年10日を限度として取得できる。
介護休業制度	介護休業制度	要介護状態にある対象家族の介護や世話をするため，対象家族1人につき93日まで（3回を上限として分割可能）取得できる。
	介護のための短期休暇制度（介護休暇）	要介護状態にある対象家族の介護や世話をするため，対象家族1人につき5日，2人以上の場合は10日まで取得できる。

5-5 生活保護制度

解説動画

問題 13　解答：5

×1 生活保護が必要な人を要保護者，申請する人を申請者という。申請者は，本人，扶養義務者（配偶者・直系血族・兄弟姉妹），その他の同居親族のいずれかとなっている。

×2 生活保護法第 1 条で，日本国憲法第 25 条に規定する理念（生存権）に基づくと明記されている。

×3 生活保護法第 21 条で，生活保護法の施行については社会福祉主事が都道府県知事または市町村長の事務の執行を補助するという規定がある。

×4 生活保護の費用負担は，国が 4 分の 3，地方自治体が 4 分の 1 である。

○5 生活保護には 8 種類の扶助があり，給付方法は 2 種類ある。生活扶助，教育扶助，住宅扶助，出産扶助，生業扶助，葬祭扶助が金銭給付。医療扶助と介護扶助が現物給付。金銭給付は直接現金が支給され，現物給付はサービスの提供や施設の利用など金銭以外の方法で給付される。

生活保護は 8 種類。現物給付は，医療扶助と介護扶助のみ。

問題 14　解答：3

×1 申請保護の原則にあたる。保護を必要とする本人以外にも，扶養義務者または同居の親族も申請することができる。

×2 原則として，措置などの行政処分ではなく申請に基づくが，要保護者が急迫した状況にあるときは，保護申請がなくても必要な保護を行うことができる。

○3 基準および程度の原則にあたる。保護は，保護を必要とする世帯の最低限度の生活の需要を満たし，かつ超えない範囲で決定される。この原則に従って世帯収入と最低生活費を比較し，足りない分が差額として支給される。

× 4 必要即応の原則にあたる。保護は，年齢，性別，健康状態等，世帯の必要の相違を考慮して，有効かつ適切に行う。最低生活費認定額の計算には，基本生活費である生活扶助に加えて，障害者加算や母子加算，教育扶助などが世帯の実状に合わせて加算される。

× 5 世帯単位の原則にあたる。原則として，世帯全体を１つの単位，基準として保護決定を行う。ただし，それが難しい場合は，個人を単位として定めることができる。

問題 15　解答：4

× 1 教育扶助の対象は，中学までの義務教育に必要な費用である。高等学校の就学にかかる学用品費は，就職を目指し，世帯の自立に向けた費用と解釈され，生業扶助から給付される。

× 2 施設利用中であっても，日常生活にかかる費用は生活扶助の中から支給される。ただし，施設利用中と地域で暮らす場合では，支払いの基準が異なる。

× 3 通院費用は，医療扶助の「移送費」として支給される。受診場所は近隣の指定医療機関が原則だが，自宅から離れた場所に通院する必要がある場合は，経済的かつ合理的な交通経路・手段の金額が支給される。

○ 4 生活保護には世帯単位の原則があるが，生活扶助は第１類（食費・被服費等個人単位にかかる経費）と第２類（光熱費・家具什器等の世帯単位の経費）に分けられており，個人単位でも支給の対象となる。

× 5「出産扶助は，金銭給付によって行うものとする。但し，（中略）必要があるときは，現物給付によって行うことができる」（生活保護法第 35 条）選択肢は逆である。

教育扶助の対象となるのは義務教育。高等学校や専門学校等に就学するのは職業に関係する生業扶助。

ココトレ 生活保護の種類と内容

金銭給付※	生活扶助	生活費（食費，被服費，光熱費など）	食費や生活費などを世帯人数に応じて支給。母子家庭，障害者などの世帯には加算がある。
	教育扶助	義務教育に必要な学用品費，給食費	定められた基準額を支給
	住宅扶助	家賃	定められた範囲内で実費を支給
	出産扶助	分娩費	
	生業扶助	就労のために必要な費用（高校や専門学校の学費など）	
	葬祭扶助	葬祭費	
現物給付※	医療扶助	医療費（自己負担分）	直接，医療機関へ支払い
	介護扶助	介護費（自己負担分）	直接，介護事業者へ支払い

※原則

5-6 保健医療に関する制度

解説動画

問題 16　解答：3

× 1 保健所は公的な公衆衛生の機関であり，都道府県，政令指定都市，中核市，その他指定された市（保健所政令市），特別区が設置・運営している。医療法人が運営できるのは病院などの医療機関。

× 2 保健所の所長は，原則として医師である。

○ 3 保健所では，栄養改善や食品衛生，公衆衛生，母性・乳幼児・高齢者の保健，感染症の予防などの事業が行われる。

× 4 保健所の設置や，その業務などは，地域保健法に規定されている。

× 5 保健所の設置は，町村には義務づけられていない。市町村は，市町村保健センターを設置できる。

保健センターは市区町村の健康づくりの場で，妊婦健診や両親学級，母子健康手帳の交付など人に直接対面する業務を行う。保健所は，病院，診療所の開設許可の受付など，行政的業務が中心。

問題 17　解答：5

× 1 国民健康保険の保険者は市町村，都道府県および国民健康保険組合。後期高齢者医療制度の保険者は後期高齢者医療広域連合である。

× 2 医療保険の給付対象は疾病，外傷の治療等であり，インフルエンザの予防接種や健康診断などは対象外。ただし，風疹ワクチンの無料接種事業など，医療保険とは別に公費対象となる予防接種もある。

× 3 後期高齢者医療制度の財源は，公費と保険料の他に支援金（被用者保険・国民健康保険など地域保険からの負担）がある。支援金約40%，公費（税金）約50%，保険料約10%でまかなわれる。

× 4 健康保険は被用者保険に含まれる。地域保険は国民健康保険である。

○ 5 国民健康保険の一部負担金は原則として3割である。

日本の医療保険制度は大きく3つ。国民健康保険，被用者保険，後期高齢者医療制度。

問題 18　解答：1

○ 1　特定健康診査とは，生活習慣病の予防を目的として，40 ～ 74 歳までの人を対象としたメタボリックシンドロームに着目して行われる検診である。2008（平成 20）年に開始された。

× 2　労働安全衛生法は事業者による健康診断を定めている。特定健康診査は，高齢者の医療の確保に関する法律（高齢者医療確保法）が根拠法。高齢者医療確保法は後期高齢者医療制度も定めている。

× 3　対象年齢は，40 歳以上 75 歳未満である。

× 4　特殊健康診断の説明。有害業務に従事する労働者を対象にした健康診断であり，有害業務による健康障害を予防，早期発見するための特定の検査である。

× 5　勤務先で実施する事業者健診を受ける予定，もしくは受けた人は，新たに受ける必要はない。

予防医療には 1 次，2 次，3 次があり，健康診断による早期発見，早期治療は 2 次予防。1 次予防は健康教育や健康習慣の維持で，3 次予防は専門的な治療やリハビリ。

ココトレ　特定健康診査の診査項目

特定健康診査は，メタボリックシンドロームに着目した検診で，以下の項目を実施する。

基本的な項目	質問票（服薬歴，喫煙歴等），身体計測（身長・体重・BMI・腹囲），血圧測定，理学的検査（身体診察），検尿（尿糖，尿たんぱく），血液検査
詳細な検診の項目※	心電図，眼底検査，貧血検査

※一定の基準のもと，医師が必要と認めた場合に実施される。

5-7 社会福祉士及び介護福祉士法

解説動画

問題 19　解答：5

×1，×2，×3，×4，○5

社会福祉士及び介護福祉士法に規定される介護福祉士の義務は，「誠実義務」（第 44 条の 2），「信用失墜行為の禁止」（第 45 条），「秘密保持義務」（第 46 条），「福祉サービス関係者等との連携」（第 47 条第 2 項），「資質向上の責務」（第 47 条の 2），「名称の使用制限」（第 48 条第 2 項）がある。選択肢 5 は「誠実義務」の説明である。

法律で定められた介護福祉士の義務は，上記の6つ。罰則があるものもある。

問題 20　解答：4

×1，×2，×3，○4，×5

社会福祉士及び介護福祉士法において，介護福祉士は福祉サービス等が総合的かつ適切に提供されるよう，福祉サービス関係者等との連携を保たなければならないと定められている（福祉サービス関係者等との連携）。選択肢 1，2，5 は，日本介護福祉士会が発表した「求められる介護福祉士像」の内容である。選択肢 4 は「社会福祉士及び介護福祉士法」と「求められる介護福祉士像」に共通の内容である。

法律で定められた介護福祉士の義務以外にも，日本介護福祉士会の「求められる介護福祉士像」があり，「連携」など混乱しやすいので注意。

問題 21　解答：4

×1　介護福祉士を名乗ることができるのは，介護福祉士となる資格を有する者（介護福祉士国家試験に合格した者等）が，介護福祉士登録簿への登録を受けたときからである。

×2　介護福祉士は名称独占業務であり，資格取得後に介護福祉士登録簿への登録をしなければ「介護福祉士」を名乗ることはできない。

× 3 社会福祉士及び介護福祉士法では，欠格事由として「禁錮以上の刑に処せられ，その執行を終わり，又は執行を受けることがなくなった日から起算して２年を経過しない者」をあげている。１年は誤りである。

○ 4 介護福祉士は，介護を必要とする人に対して「その人の心身の状況に応じた介護を行うとともに，その者及びその介護者に対して介護に関する指導を行うことを業とする者」と定義されている。

× 5 信用失墜行為をした場合は，社会福祉士及び介護福祉士法で「登録を取消し，又は期間を定めて介護福祉士の名称の使用の停止」と定められているが，懲役や罰金の規定はない。

秘密保持義務違反は，１年以下の懲役または 30 万円以下の罰金。

ココトレ 社会福祉士及び介護福祉士法に規定された介護福祉士の義務など

誠実義務	その担当する者が個人の尊厳を保持し，自立した日常生活を営むことができるよう，常にその者の立場に立って，誠実にその業務を行わなければならない。
信用失墜行為の禁止	介護福祉士の信用を傷つけるような行為をしてはならない。
秘密保持義務	正当な理由がなく，その業務に関して知り得た人の秘密を漏らしてはならない。社会福祉士又は介護福祉士でなくなった後においても，同様とする。
連　携	業務を行うに当たっては，その担当する者に，認知症であること等の心身の状況その他の状況に応じて，福祉サービス等が総合的かつ適切に提供されるよう，福祉サービス関係者等との連携を保たなければならない。
資質向上の責務	社会福祉士又は介護福祉士は，社会福祉及び介護を取り巻く環境の変化による業務の内容の変化に適応するため，相談援助又は介護等に関する知識及び技能の向上に努めなければならない。
名称の使用制限	介護福祉士でない者は，介護福祉士という名称を使用してはならない。

執筆者（敬称略）
〈1，2，5 章 担当〉
山本　恭大（やまもと　やすひろ）
西日本短期大学 社会福祉学科

〈3，4 章 担当〉
竹田　幸司（たけだ　こうじ）
田園調布学園大学 人間福祉学部 社会福祉学科 介護福祉専攻

ココトレ　介護福祉士国家試験 法律・制度 模擬問題集 2024

2023 年 8 月 31 日　　第 1 刷発行

編　集　**エムスリーエデュケーション株式会社**
福祉教育カレッジ
〒 108-0014　東京都港区芝 5 丁目 33 番 1 号
森永プラザビル本館 15 階
TEL　03（6879）2995　　FAX　050（3153）1426
URL　https://www.m3e.jp/fukushi/

発　行　**エムスリーエデュケーション株式会社**
〒 108-0014　東京都港区芝 5 丁目 33 番 1 号
森永プラザビル本館 15 階
（営業）TEL　03（6879）3002　　FAX　050（3153）1427
URL　https://www.m3e.jp/

印刷所　**新日本印刷株式会社**

ISBN978-4-86399-538-3　C3036